協同学習は今，諸外国でも関心を呼び，国際協同教育学会では，毎回の大会に欧米，アジア，アフリカ，オセアニア諸国から大勢の実践者，研究者の参加があります。研究成果も各国から寄せられてきています。この協同学習を実践している国は，最近話題のフィンランドにとどまるものではないのです。

　さまざまな校種で，さまざまな文化を持った国々で，この協同原理が教育に積極的に取り入れられるようになってきたというこの動きは，発達段階の違い，文化の違いを超えて，「協同」が人の効果的な学びや成長の基本的原理だということを裏づけていると思うのです。幾多の戦争を起こしてきた人間ですが，基本的には，互いに支え合い，高め合う協同的な社会システムを作ってきたがゆえに，今の繁栄があるのだと思います。

著者
2011 年 6 月 26 日

An Invitation to Cooperative Learning

協同学習入門
●基本の理解と51の工夫

杉江修治 著 Shuji Sugie

ナカニシヤ出版

はじめに

　本書は,「協同学習」に挑戦してみたいという先生方に向けて書きました。また,協同的な学びをめざしているのだが,いまひとつうまくいかないというふうに感じている先生方には,どこに課題があるのか,どこを改善すればいいのかをチェックする情報をしっかり入れ込んであります。

　クラスの子どもたち全員が,生き生きと学びに取り組む,そういう姿をどの先生方も望んでいることでしょう。子どもたちに伝えなくてはいけない知識はたくさんあります。一方,じっくり考えさせる機会もできるだけ多く用意したいものです。確かな知識をもとにして,自分なりにしっかりとした考えを作り出すことのできる,どの子もそういう子どもになってほしいと先生方は考えています。

　また,学んだ知識や自分の考えは,クラスの仲間と伝え合うことで,その活用の機会とし,学びが生きるということも知らせたいと思っています。そういう学習を通して,自ら学びに取り組み,学びを生活に位置づけて日々を送ることができる子どもになってほしいと考えています。

　さらに,学びを通して,子どもたちが,「わかる自分」「わかろうと頑張る自分」に気づき,自分に自信を持てるようにしたいと考えているはずです。自分の値打ちをしっかりと理解し,同時に自分の周りにいる仲間たちの値打ちも心の底から理解できる,そんな子どもに育ってほしいと願っているはずです。

　学びを通してそのように育った子どもたちは,生きる目的,生きる課題を持って上の学校に,そして社会に出て行くことができます。自分自身の幸福,自分の周りのみんなの幸福を達成することが使命だと,しっかり理解した人材を送り出す,学校における教師の役割はそのような「強い個」を育てることだと言えるでしょう。

　子どもたちにつけるべき本当に必要な力についての議論が,日本では長く重ねられてきました。21世紀に入り,さまざまな教育問題が顕在化してきた中で,これまでの教育実践文化の枠の中だけでの教育改善には限界があることを

自覚する先生方が非常に増えてきました。そしてそういった方々が多く選択したのが「協同学習」だったのです。

　学力向上には競争がよいという根強い「競争神話」にとらわれてきた教育文化が，今大きく変わろうとしています。この転換はしかし，容易ではありません。これまでの教育の取り組みの枠から抜け出ることが要求されます。

　本書は「グループ学習が協同学習ではありません」ということからはじまります。協同学習は，グループを使った「指導の技法」ではなく，学習指導の進め方の基盤に置くべき「考え方」なのです。前半は協同の理論を紹介し，後半はより多くのページを割いて具体的な工夫を51紹介しています。

　本書は，ぜひ，前半から順に読んでいただければと思います。協同学習を実践するに際しては，学習指導についての視点を転換しなくてはいけません。技法をまねるだけでは，効果的な協同学習を進めることはできません。51の工夫を生かすためには前半の理解が必要なのです。

　協同学習は，グループダイナミックス，認知心理学などの実証科学を基盤に置き，実践の中でその効果を確かめながら作られてきた学習指導の理論です。その後，51にまとめた実践の工夫を紹介しますが，それらのほとんどは科学的な根拠を持ち，実践を通して効果を確かめてきた内容です。協同の原理を踏まえた学級経営を行い，51の工夫を一つひとつの教材に対して応用してみると，受け身の一斉指導などと比べて，また，工夫のないグループ学習と比べて，子どもの動きが驚くほど違ってきます。ぜひ試してみてください。

　本書では，授業をどのように進めるかというところに重点が置かれています。しかし，子どもの育ちの機会としての学校のあらゆる活動は，それを進める原理が一貫していることが重要です。特別活動，学級活動等，授業以外の諸活動でも協同原理を一貫させることはたいへん効果的です。それはまた，教師の協同，学校と地域の協同にも展開していくことが望ましいと考えられます。

　また，協同学習の原理は，小学校，中学校といった義務教育での実践に限らず，高校，大学での実践にもそのまま適用することができ，きわめて有効です。実際に実践化が進みつつあります。また，幼児教育においても，協同の基本にある，共に育つという視点を一貫させることの意義が認められてきています。

目　次

はじめに　i

1　学習指導改善の視点　　1
(1) 協同学習がめざす学力　1
(2) 教育観の転換を　2

2　協同学習の理解　　17
(1) グループ学習が協同学習ではない　17
(2) 協同と競争の意味　18
(3) 協同学習とは何か　19
(4) 協同学習の効果とその源泉　23

3　さまざまな協同学習　　29
(1) 日本の協同学習　29
(2) 外国の協同学習　33
(3) 習熟度別指導と協同学習　40
(4) 少人数授業と協同学習　43
(5) 道徳，人権教育と協同学習　45
(6) 調べ学習と協同学習　48
(7) 教科外，教室外の協同　55
(8) 教師の協同　57

4 学び合いを促す51の工夫 ——————— 65

 (1) 導入の工夫 **65**
 (2) 展開の工夫 **89**
 (3) グループ活用の工夫 **105**
 (4) 学習集団づくり **132**
 (5) まとめの工夫 **136**

コラム

専門用語と実践の用語	15
競争にまつわる神話	26
協同と競争の効果	28
小規模校と協同学習	44
信頼に支えられた人間関係について	63
教えることは学ぶこと	71

協同学習参考書および関連情報 **146**

引用文献 **149**

あとがき **153**

索　引 **155**

1 学習指導改善の視点

> 「能動的」といわれる方法は，・・・集団的環境の介入を必然的に前提とするのである。じっさい諸個人の自由な協力がなければ，・・・真の知的活動が成り立つことはできない・・・
>
> J. ピアジェ（『ワロン・ピアジェ教育論』　明治図書　1961年）

（1）協同学習がめざす学力

　協同学習という学習指導の理論は，学び合いをうまく促すための手法を連ねたものを言うのではありません。子どもが，**主体的で自律的な学びの構え，確かで幅広い知的習得，仲間と共に課題解決に向かうことのできる対人技能**，さらには，**他者を尊重する民主的な態度**，といった「学力」を効果的に身につけていくための「基本的な考え方」を言うのです。「グループ学習が協同学習ではない」のです。

　上にあげた「学力」追求のために，教師はさまざまな工夫をこらします。アメリカの教育心理学者クロンバック（Cronbach, L. J.）は，彼の著した『教育心理学』（第2版　1962）の第1章で，繰り返し「教師は意思決定者（decision maker）である」と述べています。教師は，子どもや学習集団のようす，教材の特質に応じて，最適の指導過程を工夫します。そこには，いつでもどこでも役立つ便利なハウ・ツーはありません。クロンバックは，状況に応じて最適だと教師が考える授業を，教師が自分の判断で組み立てていくものだと考えています。教師の仕事は実に創造的で，一方，責任ある判断を求められるものなのです。

　協同学習には特別な方式はありません。それは学習指導の根底にはいつも協同の考え方を据えるべきだという「考え方」であり「原理」なのです。その考え方をしっかりとふまえて，教師が主体的に，責任を持って意思決定し，授業を一つひとつ作ることが協同学習なのです。したがって，実践の数だけ協同学習の進め方の種類があると言えるのです。

(2) 教育観の転換を

　子どもに，主体的・自律的な学力をつけようと考えた場合，一斉講義方式のような，学習者が受け身で学ぶ授業では，それを達成することはできません。教師が話をして，それを聞くことが勉強だと繰り返し思い込まされている子どもたちに，自分で資料を読んで自力で学び取れと指示しても，その通りの学習活動は期待できません。PISAの読解力調査で，日本の子どもの読解力の成績が振るわない大きな原因は，子どもたちが経験してきた学習のスタイルと，その背景にある「教えることが授業だ」「教わることが勉強だ」という教育観にあると思います。

　時には教師が「教え」なくてはいけない教材もあります。しかし，子どもが「学ぶ」ことを学習と言うのですから，学びをしっかりと軸に置いた学習指導過程の大事さを根本から認識し直す必要があります。

　子どもの学習の仕方を変えようと，さまざまに教師が解説し伝えたとして，子どもの学ぶ姿は変わり得るでしょうか。子どもが実際に「参加」し，互いに「協同」し，自分自身の前向きの変化を感じ取って「成就」感を味わえる学習過程を経なくては，期待する変化は生じないでしょう。これまで主流となってきた，指導を出発点においた教育の捉え方では，めざす学力の達成は難しいように思います。知らぬ間に主流になってしまっており，教師も保護者も子どもも安心して乗っかっている教育観に，実はたくさんの問題があることを自覚したいと思います。

1) 授業に見るセレモニー

　これまでの授業には「セレモニー」に過ぎないのではではないか，すなわち，実効性はないにもかかわらず，授業の中でやることになっていると，教師も子どもも暗黙に了解し合っている儀式のような学習ステップが多くあるように思います。

　そのセレモニーの間，子どもの頭の中は十分に働いておらず，おのずから授業は隙間だらけの間延びしたものであり，真剣味の少ないものなのだということを子どもに教えてしまうことになります。

その代表的なものは「子どもが十分に理解できない内容を教師が一方的に話す」場面でしょう。話が理解できなくなってくると、子どもは聞いている振りはしても本当には聞いてはいません。そうして、所定の時間がくれば、それで勉強したことになる、ということを学習してしまいます。学習は子どもにとっての「我が事」ではなく、「教師の仕事」になってしまうのです。子どもは45分、50分の授業の間に自分自身が変わるために学びの場にいるのです。そのことをいつも自覚させ、それに応える学習指導過程を準備しなくてはいけません。

他にはどんなセレモニーがあるでしょう。私がその実効性に疑問を感じるものをいくつかあげてみましょう。

まず、授業開始時の前時の振り返り。

よく行われるのは、「前の時間は何をしたのかな」という発問のもと、2、3人の子どもを指名してその内容を言わせるというスタイルです。教師の質問内容はしばしば前時に取り上げた用語を言わせるというものです。

教師：秀吉はどんな政策を実施しましたか。
　　　（生徒の挙手、教師による指名）
生徒：刀狩です。
教師：そうですね。他には？
　　　（挙手、指名）
生徒：検地です。
　　　・・・・・・・・・・・

しかし、そういった用語は教科書を見れば書いてあります。問答するほどのことがらでしょうか。「教科書のアンダーラインを引いた用語を確認しなさい」でいいのではないですか。教師との問答では、受け答えをする子どもしか学習に参加しませんが、「確認しなさい」と言えば、もっと多くの子どもが学習に参加します。さらに、質問するならば、それらの用語や概念を通して何を学んだかを質問すべきです。例えば「秀吉はなぜそのような政策を実施したんだったかな？」「そのような政策はどのような効果をもたらしたのだった？」などの発問ならば、多くの子どもたちの思考活動を促すことになりそうです。

子どもたちは，そのような質問はすぐには答えられないかもしれません。若干の個人思考の時間が必要でしょう。若干の時間をとったうえで回答させるならば，答える子どもはもちろん，聞く側の子どもも課題意識をもって聞きますから，学級全体の学習への参加度は高くなります。一部の子どもと教師の掛け合いのような安易な発問を使った導入は，子どもの積極的な学びの構えづくりには役立たないように思います。

　授業の途中に，子どもに考えさせたのちに発表させるという場面も多くあります。その場合，発表する子どもは教師に向かって自分の意見を伝え，教師の相槌や評価が返されていきます。このとき，ほかの子どもたちはどうしていることが多いでしょう。きちんと仲間の発表を聞いているでしょうか。また，聞くことによって自分自身を高めようという意識を持っているでしょうか。聞く側にとっては，教師と発表者のやりとりは，自分に向けられたものではないのです。聞こうという構えを持つには，聞くことによって何かを得ようという課題意識が必要です。課題意識がなければ漫然としか聞きません。聞く側の子どもたちが聞こうとするような場面を作ってこそ，教師と子どもとのやり取りは意味あるものとなるのではないでしょうか。

　グループの話し合いでも，セレモニーと言えそうな場面に出会います。グループで何を話し合っていいのか，教師の指示があいまいな場合，グループリーダー一人が苦労をすることになります。なんとかグループの意見らしく，自分の意見を発表することでことを済ませるということもよくあるようです。こういう経験をした子どもは，グループ活動を嫌います。グループで話し合ったという嘘を装わなくてはいけないからです。全員参加で，意見の練り上げができるような，教師の側からの仕掛けがなくては充実した話し合いはできません。子どもの話し合う力の不足を指摘する教師の発言に出会うことがありますが，問題は，むしろ話し合いを促すための教師の側の工夫のなさにあることが多いのです。

　授業の終わり方も，工夫を加えないと，せっかくの授業全体をセレモニーにしてしまいかねません。この時間，何を学んだのか，確認もせず，時間がくれば「わかりましたね」の教師の声で授業が終了するという風景は珍しくありません。授業によっては，終了直前に子どもたちが学習用具をしまいはじめるこ

とさえあります。こういう終わり方では，授業は「教師の仕事」であって「我が事」ではないということを教えているようなものです。2, 3人の子どもに感想を言わせて終わる授業も，なぜそれをするのかが子どもにわかっていなければ，ほかの子どもたちが聞き耳を立てることはなく，単なる感想の列挙に終わり，一人ひとりにそれが届くことはありません。多くの子どもにとって意味の不明な時間になってしまいます。

　教師は万能ではありません。ある指導過程がセレモニーに過ぎないことに気付かないこともあるはずです。しかし，できるだけ，子どもたちが参加し，集中して，成功的に協同的に学べる仕掛けを学習指導過程の中に入れ込んでいく努力が必要だと思います。

2) 指導観の転換

　主体的で自律的な力を子どもにつけるためには，子どもが主体的で自律的に学べる学習指導過程を用意する必要があります。教師主導から子ども主導の授業づくりへの転換が必要です。そして，そのためには，何が教師主導で何が子どもを主役にした授業なのかについて理解しておかなくてはいけません。

　子ども主体の授業実践というねらいで公開された授業の事例です。それは，教師ができるだけ多くの子どもを指名し，とにかく授業中たくさんの意見を言わせることでそれが実現できているという視点のものでした。確かに教師の一方的な講義に比べると子どもの動きが活発になりますが，結局は教師の進めるペースにしたがって，教師の敷いた筋道で発問に答えていくという，過程そのものは教師が導いていくスタイルだったのです。

　ワークシートなども，子どもの思考の深まりや展開を記録していくものではなく，教師の講義を書きとめるノート代わりの穴埋めのようなスタイルでは，子どもが自ら記入していくというスタイルはとっていても，その活動は教師の定めたものに従うだけであり，学習を進めるペースもふくめて教師主導なのです。

　子どもは勉強については素人ですから，何を学ぶべきか，どのように学ぶべきかについてはよく知りません。そういう子どもに何もかも任せるスタイルは，子ども中心ではなくて放任授業です。**教師がすべきは，学びの枠組みづく**

りです。教科学習で，1つの単元を学ぶときには，その単元がなぜ大事なのか，どのように学んでいくと効果的に学べるのか，を十分に知らせ，子どもが自分たちで活動できるところまでの準備をして，学習活動は子どもにできるだけ多く任せていくというスタイルが望ましいのです。時には，主体的で自律的な学びに必要だからという見通しを与えたのちに，基礎的な知識を教師が教え込むということも必要な場合があります。しかし，そういうときでも子どもは自分が持った見通しの中で教えられるわけですから，意欲づけもあり，自ら学び取るという構えが失われることはありません。子どもという孫悟空が精いっぱい暴れることのできる掌を準備することが教師の仕事です。

　なお，授業の中で教科書を余り用いずに，教師の板書を用いた解説で進めていくスタイルに多く出会います。解説の内容はどうかというと，その多くは教科書の内容と重なっています。それならば，教科書を子どもに直接読み込ませた方がいい場合が多くはないですか。教師の解説では，途中に発問を織り交ぜたとしても，それは一部の子どもとのやり取りであり，全員が参加している保証はありません。一人ひとりの子どもが，しっかり文章を読み取り，図表を読み取る貴重な機会を逃しているように思うのです。もちろん，教科書の記述がよくないところは，教師が手直しした教材を準備してそれを読ませるなどの工夫が必要でしょう。「教科書を用いずに教科書を教える」のではなく，「教科書を用いて教科書で学ばせる」という機会がもっと増えるべきだと思います。

　子どもが自分で教科書などの内容を読み取るという活動は主体的，自律的活動です。教師のペースで教師の筋道で進められていく解説ではわからなくなってしまう内容も，自分で読むのならば，自分のペースで，わからなければもう一度読み返すなど，個に応じた学習活動が可能になります。理科の実験なども，その手順を教師が伝えるのではなく，きちんと書かれたマニュアルを子どもが自分で読み取って実施するならば（もちろん危険がある場合は十分な教師の配慮が必要ですが），実験に際しての個人の責任感も同時に育つ機会となるのではないでしょうか。

3）子ども観の転換

　子どもは（いや，大人も含めて人は誰でも）自分の成長を願っており，それ

をめざして動き出すエネルギーを持っています。学校の学びは自分を成長させる貴重な機会のはずですが、そのような姿を子どもたちの間に、必ずしも常に見ることができないのはなぜでしょう。

　学びの姿を子どもが示さないときに、大人はしばしば彼らの意欲の欠如を述べ立てます。それは正しいのでしょうか。むしろ大人が子どもに準備した学習場面の適切さを振り返ってみる必要があります。

　一方的に知識を伝えようとしても、それを学ぶ値打ち、学習内容自体の魅力、どのようにしてそれを学んでいくのかの見通しなどが示されない限りは、子どもは自ら動き出すことができません。大人も、子どもの立場に自分を立たせて考えてみれば、このことは容易に理解できるでしょう。

　子どもは自分が未熟であることをわかっています。本来、大人の言うことはとてもしっかり聞こうとします。子どもは言うことをなかなか聞こうとしないという印象があるのは、普段、大人がきちんとしたことを言っていないので、子どもは聞いてもわからないという経験を重ねさせられているからです。子どもはとても優しい心根を持っています。わからない指示を大人がしても咎めることはありません。それだけに、大人は子どもにわかる学習場面づくりに心を砕く必要があるのです。「そのくらいのことは言わなくてもわかるだろう」というのは、大人の側の甘えです。

　子どもの話し合い能力への大人の評価についても同じことが言えます。近年特に子どものコミュニケーション能力の欠如が指摘され、「このクラスの現状では話し合いはまだ無理な段階だ」というような意見が交わされます。本当にそうでしょうか。子どもたちは年齢に応じて日常のコミュニケーションは十分に行っています。授業の話し合いになると話すことができなくなるだけのことです。何を話し合えばいいのか明確な指示があったか、話し合いができるだけの予備的な知識を与えているか、といった条件をクリアした話し合い場面が与えられれば、小学校1年生ですでに十分に話し合いは可能なのです。大人でも、何について話し合うのかが不明で、その話題についての予備知識がなければ、話し合いは進みません。

　このような、子どもの力量に対する評価の低さは、授業などでの子どもへの教師の期待の水準を明らかに下げています。何を答えていいかわからない発問

のもとでは，子どもは力を発揮できません。低レベルの内容の回答になっていきます。教師の期待のレベルがそれに沿ってさらに下がっていきます。用語を答えるだけでよしとし，その用語にまつわる思考については教師の解説で終わらせるというような授業などがそれにあたります。

　教師の発問が適切であったとき，子どもは素晴らしく深まった意見を述べることがあります。それは彼らがたまたまそういったところに到達したのではなくて，教師の働きかけが彼らに合っていたということなのです。子どもが時折示す素晴らしい姿までは，彼らはいつも行けるのだと考えたらどうでしょうか。要求水準，期待のレベルを高くした学習指導活動が可能な仕掛けづくりを教師が試みるといいと思います。

　個性ということばが1980年代から教育の世界でよく使われるようになってきました。それまでの教育が，一斉，一律の授業であり，個人差に応じた進め方になっていないという批判が背景にありました。意義のある指摘ではありましたが，ただ，その折の個人差，個性の理解は十分なものではありませんでした。子どもたち一人ひとりの違いを強調し，個人差がすなわち個性と考え，子どもたちを差別化して指導することがよいことであるかのように考えられるようになったのです。2000年あたりになって，子どもたちの不適応や学力低下などの議論がまきおこりましたが，その際に，個性理解と教育のかかわりの理解が浅かったことが原因としてあるのではないかという議論は出なかったと思います。

　子どもたち一人ひとり違いがあることは言うまでもありません。ただ，一人ひとりはまったく違った存在なのでしょうか。そうではありません。違いを持ちながら，人間としての幅広い共通性を持ち合っていることも揺るぎのない事実です。そして，個人理解のうえでは，その共通性という基礎が何より重要になるでしょう。すなわち，**個性とは個人差のことではなく，個人差の底にある人間性とでも呼ぶべき共通性も含みこんで捉えるべき**だったのです。違いを強調するより，共通性にも幅広く目を向けることが必要だったのです。違いの強調は，指導の個別化を促し，教師主導の指導スタイルを促しました。子どもたちを，一人ひとりが単に並び合う「集合」と捉え，互いにかかわり合い，影響を及ぼし合う「集団」として理解することがなくなっていきました。古くから

言われてきている「集団を通して個を生かす」ということばの意味をもう一度捉え直す必要があるのです。

　人の学習の原理をしっかりと整理しておくことが必要です。たとえばブルーナー（Bruner, J. S.）は，人に共通する効果的な学習の工夫を次のようにあげています。
　①好奇心をかきたてる。それまでの学習者の認識を変えるような情報を提供し，新しい学習ステップに移ろうとする自発的な活動を促す工夫をする。
　②モデルに同一視しようとする欲求を生かす。子どもは自分が価値を認めたモデルに対してそれに近づこうとする。子どもの発達にふさわしいモデルとして親や教師が行動することも大切である。
　③能力向上への欲求を生かす。自身の能力をより高いものにしようという欲求は誰もがもっているという原理を忘れないこと。学習意欲のなさは，そのような欲求がないのではなく，満足させる経験が少なかったことによるという認識が必要である。
　④他者との相互性への欲求を満足させる。共に学ぶ仲間同士で高め合う経験は学習意欲を高める条件である。相互作用を各自の学習に生かす工夫が必要である。

4）集団観の転換

　共に学ぶ仲間との関係は学習を促す重要な条件となります。日本では昔から「学級集団づくり」「学習集団づくり」ということばが現場では普通に交わされていました。ただ，どのような人間関係がそこで重要なのかという点については十分深まった検討がなされていたわけではありません。

　このところ，子どもたちの対人関係の処理能力が衰えてきているという認識や，人間関係に起因する問題行動の発生などから，さまざまな人間関係トレーニングのプログラムを学校で実施しようという動きが盛んになってきています。構成的エンカウンターグループによるエクササイズの導入なども広く普及してきています。

　そのようなトレーニング・プログラムが普及してきている背景には，子どもたちの人間関係の改善という点での一定の手ごたえを教師たちが感じていること

とがあるのでしょう。ただ，どういう手ごたえなのか，その検証は十分になされているでしょうか。私は，人間関係トレーニングは，適応上の大きな問題が生じている学校や学級でならば実施の意味があると思いますが，そうでなければ，特別に時間を割いて実施しなくてもいいのではないかと考えています。本当に追求すべき人間関係を実現させていく機会は，普段の学校生活の中にあふれているからです。「授業の中で集団を作る」と言われることがあります。このことばをもう一度本気で捉え返す必要があります。

人間関係トレーニングでめざしている人間関係とはどのようなものでしょうか。集団はその特質に関してさまざまな分類がなされますが，学校における集団を理解するための分類として，バス（Bass, B. M. 1962）が示した「人間関係志向集団」と「課題解決志向集団」という分け方は有用です。一言で言えば，前者は仲よし関係で結ばれた集団であり，後者は集団として課題をよりよく達成することをめざして結ばれた集団です。

学校では，授業を中心とした課題解決行動がその活動の中心となります。そこでは，学習集団・学級集団のメンバー一人ひとりが精いっぱい成長することがめざされます。そのような課題追究を効果的に行えるような集団づくりが求められます。

われわれは，仲よし関係ができあがればそれがすなわち課題解決志向集団の基礎になると思い込んでいる節があります。けれども，どうもそうではないようです。確かに，仲よし関係を多く持つことは，生活を豊かにしてくれます。しかし仲よしであることを維持するために，厳しい鍛え合いのような活動はしばしば避けられてしまいます。ほんの少数の人との間に形成される親友関係を除けば，通常の仲よしは，その関係を維持するために多くの気遣いが必要であり，本音で語り合うことはむしろ避けられる傾向さえあります。

これまでの集団心理学の研究では，仲よし集団は必ずしも課題解決集団としては有効ではないことが明らかにされてきています。活動の当初は互いのことを一定程度理解していますから，話し合いもスムーズにいくように見えます。しかしその過程ではずいぶん気を遣い合っています。課題を効果的に達成するにはそのことが次第に邪魔になっていきます。むしろ，さほどの知り合いではない者同士で作った集団の場合，課題解決のための関係で結ばれた集団が次第

に形成されていき，集団としての成果はこちらの方が優れていくのです。

　既成の人間関係トレーニング・プログラムを実施すれば，授業における高め合いも自然になされるということはありません。ただ，そういったプログラムの中には，授業に応用できるものもあるかもしれません。すでにできあがっているプログラムを鵜呑みにするのではなく，授業を進める立場にある教師としてそれを捉え返して応用すれば，有意義なプログラムを作り出すことは可能な場合もあると思います。

　授業に学び合いを導入したいので，まずは現状を見てほしいということで，ある中学校にうかがったことがあります。はじめて話し合い活動を授業に導入したという授業でしたが，生徒がしっかりと課題追究の学びを進めていくのです。はじめてにしては生徒の活動が充実していたので，これまで，彼らがどんな経験をしてきているのかをその学校の方にうかがったら，前年度までは特別活動をテーマに実践研究をしてきたというのです。それで疑問は氷解しました。特別活動を，単に楽しく生き生きと，などというような，いまひとつ目標が明確でない活動として取り組ませた場合はそうはなりませんが，この学校では特別活動も集団の協同による課題解決の機会として進めてきていたのです。授業も特別活動も，共に課題解決行動というくくりで捉えることができます。課題解決志向集団としての経験を生徒がすでに持っており，それは授業にも容易に転移することがわかりました。

　学校で見ることのできる典型的な課題解決志向集団は，部活動ではないでしょうか。チームの勝利をめざして，全員が一丸となって互いを鍛え合う，そういった集団が課題解決志向集団です。「部活動のような学級づくりをめざす」という言い方は，学習集団づくりの本質に近いように思います。

　「課題解決志向集団」は，業績だけを追求する冷たい関係で成り立つ集団ではありません。集団としての成果を高めるためには，メンバー相互への気遣いは当然必要になります。メンバーの個性に応じた役割の割り振りも重要です。一人ひとりの達成感を満たすことができるような配慮も必要です。こうした集団づくりは，課題解決行動を経験していく中でしか養われることはありません。

5）教師の仕事

　子どもを主体に置いた学習指導活動の追究は，いまではどの学校でもあたり前の課題になっています。しかしその実現の仕方については，どこも試行錯誤の過程だと言えるでしょう。

　教師が懇切丁寧に説明するだけの授業では，いくら上手な講義でも，子どもが受け身の形で学んでいるという問題を克服できません。たくさんの子どもを指名し，答えさせても，それは教師の作った筋道に沿った質問に答えているのであって，基本的には教師主導です。子どもが自分で動くことのできる，自分で学び取ることのできる学習場面をできるだけ多く仕組むことが大事なのです。

　教師の仕事は「教える」ことではなく「学びを支援する」ことです。この支援ということばも曲者で，教師がこまめに回って，子どもたち一人ひとりにかかわっていくことがそのことだと理解されている面もあるように思います。そういう対応が必要な場合も少なからずありますが，教師が思っている以上に，子どもたちはまず自分で考え，取り組みたいのです。

　グループで話し合わせているときは，教師が一つひとつのグループに入って指導することは基本的にはやめるべきです。教師としては，数人の子どもが相手ですから，反応もすぐに返ってきて指導の満足感も高いでしょう。子どもは「先生わかったよ」というような嬉しい反応をしてくれます。しかし，その授業の観察者になって，学級全体のグループのようすを眺めてみると，教師がかかわっているグループ以外の子どもたちの取り組みの姿と教師がかかわっているグループの取り組みの姿は明らかに違います。前者は生き生きと学び合いを進めています。顔の輝きが違います。子どもたちは自分たちで物事に取り組むのが好きなのです。

　予め，教師の手助けなしにグループが活動できるような十分な指示を与えておきさえすれば，子どもたちはしっかり自力で学習活動に取り組みます。何をしていいのかわからないような指示のもとでは，子どもたちによる取り組みも話し合いも進みません。やっぱり教師が指導しなくては駄目だということになってくるのです。そういう経験を続けている教師は，子どもの側に話し合いの力が足りないからうまくいかないのだ，教師が指導しなくては授業は進まないのだ，というふうに勘違いをします。本当は教師の準備が不足しているので

す。思い通りの活動が生じないために、大きな声で何度も指示をし直し、繰り返している姿は、話の聞けない子どもがいるということの反映ではなく、教師の指示の不的確さを反映しているのです。

　ただ、話し合いが行き詰ってしまっているとき、教師の一言で話し合いが一気に深まっていくことがあります。そういう助言のタイミングは逃してはいけません。一生懸命話し合っている子どもたちは、多分それを教師のおかげと思わずに自分たちの力量だと思い込んで学習を終えるでしょう。教師は黒子に徹する、それでいいのではありませんか。

　このことは個別の取り組みの場合にも同様です。個人で課題に取り組んでいる時も、教師の指導は最小限にすべきでしょう。一人ひとりへの励ましの声かけなどもほとんどの場合不要です。子どもたちが自立して取り組むことで生まれてくる教師の時間的な余裕を利用して、指導が必要な一部の子どもに対する個別指導を行うことは効果的です。後でグループで話し合うことを前提に個人思考をしている場合などでは、なかなか自分の考えを持てない者に対して、教師がヒントを与えてグループに参加させる下地を作ってやれば、その子はしだいに自信を持って学び合いに参加できるようになるでしょう。

　授業中、子どもたちが教師を呼ぶ声がしばしば気になります。自分でちょっと考えて、わからないと「先生！」、何をするのかきちんと聞いてなかったので、それを確かめるべく「先生！」、自分で何か作り上げたので見てもらいたいと「先生！」。こういう姿は、教師が頼りにされていることを映し出しており、いいことのように感じられますが、本当にそうでしょうか。主体性、自律性を育てるという視点でこれを見れば、上のような教師の対応は、それとは逆のこと、すなわち、勉強では教師を頼る、ということを同時に学習させているのと同じだと思えませんか。

　先生に聞けば教えてもらえる、先生は何回でも聞いてくれる、先生にほめてもらいたい。こういう学習経験は、長い目で見ればその子のためにはなりません。得をしているのは感謝をされ、優しい人だと言われる教師の方です。小規模な学校・学級ではこういった風景がとりわけよく見られます。教師の目が行き届くということは、こまめに一人ひとりにかかわることではありません。子どもの成長を先まで見通した教師の行動が求められるのです。

子どもの育ちを見通すということでは，小・中・高の連携も非常に大事なことです。教師の連携の中では，校種を越えて，子どもの育ちという視点での方針の共有が必要になってくると思います。

　小学校の場合，中学校に送り出すというイメージを常に教師が持つことが大切です。中1ギャップといわれる1年生の連休明けの不適応の増加などは，思春期への移行といった発達上の課題もあるのですが，小・中の学習指導原理を一貫させた場合，それを非常に少なく抑えることができます。いくつかの小規模校が集まって一つの中学校に進学するという場合，特定の小学校の子どもの不登校率が高い傾向があるなどということがあります。しばしば，そういう小学校には，子どもを優しく扱うことで満足しているというような，その小学校の中だけで通用する教師文化があります。

　中学校の場合，小学校から上がってきた子どもたちがどのような力を身につけてきているかを十分に理解しておく必要があります。中学校で，1年生は学び合いを進める力が不十分なので3年間を見通して育成したいというような発言に出会うことがあります。これなどは，小学校6年間に子どもたちが身に付けてきた力を捉え直してみると，一方的な決め付けである可能性が高いのです。中学校1年生はすでに十分に話し合う力を持っています。その力を発揮させる工夫をするという中学校のスタンスが期待されるのです。

　最後にもう一つ，実践者にとって重要なことではないかと私が思っていることに触れておきます。実践者自身も子どもと同様に成長したいと願っています。しかし，その思いは日々の多忙の中で，時として薄れてしまうことがあるでしょう。どうやって自己成長を図ったらいいのか，その機会の捉え方や方法が見つからないということもあるでしょう。

　教師は意思決定者であると先に書きました。同時に教師は教育工学者なのです。工学（テクノロジー）とは，機械を使うことを言うのではありません。理論を現実に役立つように応用することを工学というのです。教師の仕事は，教育理論を実践に生かすことです。したがって日々の教育実践が実はそのまま教育工学のはずなのです。誰かが決めた指導スケジュールにしたがって，順にカリキュラムをこなすのは教師の仕事ではありません。子どものようす，学級のようす，教材の特性を考慮して，その単元をいかに効果的に進めていくか，常

に仮説や予想を持って授業を組み立て，実践し，結果を評価し，次に生かすという作業が教師の行うべき研究です。これを学年の教師集団や教科の教師集団で協同して進められればさらに成果は上がります。

仮説や予想を立て，実践し，評価をして次に生かしていくというサイクルを持った実践を，私は「研究的実践」と呼んでいます。こういう実践を積み重ねて，よりよい成果を外に発信していけるまでに高めていく試みに挑戦してもらいたいものだと思います。教師の自己成長の機会は研究的実践の構えを持ちさえすれば，日常の中にたくさんあります。教師の仕事はきわめて創造的な仕事なのです。

コラム　専門用語と実践の用語

　実践者は教育工学者ですから，教育研究の成果は，実践にどう生かすかという視点で理解していきます。ただ，研究者の方法や関心と，実践者のそれとが違うという点については十分に自覚しておく必要があります。

　たとえば，子どもの育ちに関して最近よく見られる専門用語として「自己肯定感」「自尊感情」「自己効力感」といったものがあります。これらの研究成果を実践にどう生かしたらいいのでしょうか。また実践を語るときにどのようにして使っていけばいいのでしょうか。

　研究者はことばの用法にうるさいので，上のような用語の使い方の是非をしばしば指摘します。「あなたの説明していることは『自尊感情』ではなく『自己肯定感』なのではないか・・・」など。

　しかし，実践者が，学問上の議論にそのまま乗る必要はありません。実践者は，子どもたちに「自信」を付けたいと考えています。文科省のことばを使うならば「生きる力」を付けたいと思っています。そのような用語はきっちりとは定義しがたいものですね。「大体こんなことが自信や生きる力に相当するだろうな」「このことは自信や生きる力として大事だ。ただ，これがすべてではないけれど」ということが実際だと思います。

　研究者は専門用語を大事にします。自分の研究の範囲を厳格に規定したいと考えています。しかし，実践者が研究者の用語のルールに従う必要はありません。

「自信」や「生きる力」という実践のことばを使って研究した方が有意義だと思います。

実践者が，子どもたちの「自信」を育てることに関心があり，その度合いを知りたいと思ったとしましょう。「自信」を厳密に定義することは難しいでしょうから，「自信」をそのまま扱った実証的な研究はまずありません。そこで「自信」の「一端を示す」と考えられる，研究者の開発した「自己肯定感」の質問紙で子どもの成長を調査するというアプローチをすればいいのです。「自己肯定感」は「自信」ではありませんが，その中の重要な部分を占めていると考えられます。「自己肯定感」の質問紙で得られた資料は，「自信」の変化の重要な側面についての情報を提供してくれます。

実践成果の考察にあたっても，研究者の用語にしたがう必要はないのです。「自信」をこれこれの質問紙で調べたところ，このような結果が出た。子どもの「自信」の伸びについて，一定の側面について示唆的な成果を得ることができた，というような解釈をすればいいのです。複数の（たとえば「自尊感情」のような別の側面の）質問紙を使えば，「自信」の変化はより幅広くわかるようになるでしょう。

研究者の用語にとらわれるのではなく，実践者の問題意識でことばを使っていくことが望ましいと思います。「協同」か「協働」か「共同」かなどといった議論も実践にとってさほど意義のある議論ではありません。

2 協同学習の理解

> 「競争に勝つ」ことのたいせつさだけを教え込んでいたら,子どもはいずれ「自分ひとりが相対的に有能で,あとは自分より無能である状態」を理想とするようになります。
>
> 内田樹(『街場の教育論』ミシマ社　2008年)

(1)グループ学習が協同学習ではない

　協同学習のことをグループ学習の別の呼び名だと捉える実践者が多いようです。「授業のここで協同学習を入れる」とか,「協同学習が適切な場合はどんな時なのだろう」といったことばには,協同学習とグループ学習を同じものだと思っていることが反映されています。協同学習の理論とは,グループの上手な活用方法をまとめたものと理解されているようです。

　グループ学習が協同学習ではありません。協同学習はグループの活用法というような手法の理論ではないのです。**協同学習は教育の基本的な考え方を体系的に示す教育理論であり,教育の原理なのです。**

　また,協同学習はひとつの理論があるわけではありません。一人ひとりの研究者によって,それぞれ特徴的な側面を含んだ理論があり得ます。協同学習の実践者も,その個人的な理論や手法に違いがあります。「協同」の定義が違っていることもあります。したがって本書は,杉江の協同学習がその内容となります。なお,それぞれの理論の違いより,共通性の方が重要であり,そちらの理解の方が有意義だということを,ここで予め指摘しておきましょう。

　協同学習の理論の基盤には,どういう子どもを育てたいのかという学力論があります。その源としてしばしば指摘されるのは,学校教育を通して民主的な人格の形成を図ったデューイ(Dewey, J.)です。

　また,この理論を主に発展させてきた研究者は,グループ・ダイナミックスの研究者たちでした。レヴィン(Lewin, K.)やドイチュ(Deutsch, M.)らは協同学習の科学的な研究の出発点にある研究者として重要な位置にいます。

さらに，心理学の研究がその幅を広げ，人間の複雑な認知過程の発達に関する研究が成果を上げてくるとともに，そこからも多くを取り入れていきました。認知研究の出発点にいたピアジェ（Piaget, J.）やブルーナー（Bruner, J. S.）らの貢献も大きいのです。最近に至って認知心理学と呼ばれる研究領域では，個人の中の認知過程から，人と人との交流が個人にもたらす影響にも関心を広げるようになり，主にそれらの研究から出発した協同学習理論も出てきました。「協働学習」という名前で進められている協同学習理論の多くはそこから出てきたものです。

協同学習の特徴は，心理学を中心とした実証研究を背景として発展してきたという点です。それは単に理論研究にとどまらず，実践化での有効性については実際の場面を使って検証を図ってきました。グループ・ダイナミックスの伝統としてのアクション・リサーチという方法を積極的に取り入れてきています。協同学習は，その意味では，理論と実践が有機的に結びつくことができた最良の事例かもしれません。

ここでは，協同学習という教育理論の大枠を私なりに整理したものを紹介しようと思います。大枠といったのは，先にも触れたように，研究者，実践者の数だけ理論の詳細に関してはバリエーションがあるからです。

（2）協同と競争の意味

協同とは「心を合わせ，力を合わせ，助け合って仕事をすること」，競争とは「勝ち負け，優劣を他人と競り合うこと」と岩波国語辞典（西尾・岩淵・水谷 1979）では説明されています。この辞典の理解は，グループメンバーの「活動のようす・姿」に注目したものです。競争は競い合っているようすを言い，厳しく鍛え合うというニュアンスを持っています。協同は仲よく温かいイメージを持つと同時に，時には生ぬるい人間関係と捉えられる傾向があります。

ただ，協同と競争を集団の「活動のようす・姿」に注目して区別していたのでは，その本質を十分理解することはできないのです。アメリカのグループ・ダイナミックス研究者として著名なドイチュ（1949）は，協同と競争の定義は集団の「活動のようす・姿」ではなく，集団が「めざす目標」に関してなされ

るべきだと提言し，以後の実証的な集団研究ではこの定義が一貫して用いられてきています。

　すなわち，協同とはグループメンバーが全員同時に到達できるような目標が設定されている事態を言い，競争とはメンバーの内ひとりでも目標に到達したら他の成員は目標に達することができない事態を言うとしたのです。これを学校での学習に即して言い換えれば，**学習集団のメンバー一人ひとりの成長が互いの喜びであるという目標のもとで学習する場合が協同**であり，学習集団の中で**誰が一番かを目標にして競い合う場合が競争**なのです。

　多くの教師や父母が，学校での学習で望ましい「よい意味での競争」と考えているものに，よきライバル，切磋琢磨があります。先のドイチュの定義に従った場合，これは競争なのでしょうか。切磋琢磨がめざすところは，双方が最終的には共に育つことです。序列は付くかもしれませんが，それは二義的なものです。一方が負けて落伍するような場合は切磋琢磨とは言いません。磨き合い，共に光を増すがゆえの表現です。競い合ってはいても双方が大きく成長するような集団過程は協同なのです。**よきライバルは競争相手ではなく，協同の仲間**なのです。

　私は仲間と協同学習で進める柔道授業の研究をしてきました（伊藤・杉江 2009）。一見闘争的な学習過程をとる柔道ですが，その創始者である嘉納治五郎は，柔道による鍛錬の目標を「精力善用」「自他共栄」に置いていました。相手を倒すべく自分が全力で戦うことが相手を伸ばすことになり，自分を倒すべく相手が全力で戦ってくれることによって自分が高まるのです。勝負は二の次。はじめと終わりの「礼」には，自分を高めてくれる相手への敬意が込められます。全力を尽くして戦い，高め合い（自他共栄）を通して得た力（精力）を人々にとって有意義な形で活用（善用）することが柔道に取り組む意義なのです。私は，これは典型的な協同の姿のひとつだと思います。

（3）協同学習とは何か

　協同学習をどういうふうに定義したらいいのでしょうか。さまざまな教育理論は，名前は同じでも，研究者・実践者の数だけニュアンスの異なった側面を

持っています。協同学習も定まった定義があるわけではありません。私自身は協同学習を次のように考えています。

　協同学習は，授業の進め方の技法に関する理論ではなく，**学校のすべての場面における子どもの学習に対する支援の基盤にある基本原理に関する理論**だと考えます。

　先のドイチュの協同の定義にしたがえば，「**集団の仲間全員が高まることをメンバー全員の目標とする**」ことを基礎に置いた実践すべてが協同学習なのです。

　授業における協同学習を考えてみましょう。学校での代表的な学習集団は学級です。この学級集団に所属する子どもたちが，誰もが成長への意欲を持っています。メンバー一人ひとりの成長への願いを学級の全員が理解し合い，「**学級のメンバー全員のさらなる成長を追求することが大事なことだと，全員が心から思って学習すること**」が協同学習なのです。または，「学び合い・高め合い・認め合い・励まし合う」学習活動を協同学習だと言うこともできるでしょう。

　協同学習は授業に限った理論ではありません。特別活動でも，やはりその活動を通して，子どもたちが仲間の成長を同時に図って活動するように仕組む形で，協同学習が成立していきます。道徳も，総合的な学習の時間も，さらには部活動も，子どもの成長の機会はすべて協同の原理を貫くことが可能です。子どもの学習機会の原理として，協同を一貫させることが必要であり，協同学習はそのような一貫性が重要だと考えています。

　一般には，協同学習とグループ学習が混同されています。協同学習はグループの使い方に関する理論だと誤解されています。グループ活用は，協同学習を有効に進めるための有力な手法ですが，私はグループを使わなくては協同学習ができないとは考えていません。

　学級のメンバー全員の成長を図るのですから，学級全体の意見交流を協同学習として展開することができます。**一斉の協同学習**です。

　普段の授業では，一斉形態では，教師が子どもを指名し，子どもは教師に自分の意見や答を伝え，教師がそれを他の子どもに投げかけ，意見をつないでいくというスタイルが多いと思います。そこでは子どもの意見が示されてはいま

すが，子ども相互の交流は教師が介在することで不自然になっていることに気付くべきです。発言者は仲間に向かって伝えようとしていませんし，それを聞くべき他の子どもは，そこできちんと聞きとらなくても，その後の教師の補足を加えた言い直しを聞けばいいのです。仲間同士の話し合い，聞き合いは形式的になる可能性があります。そこでこんなふうに進め方を変えてみたらどうでしょうか。

　教師は次のように発問します。「ではこの問題についての自分の考えを仲間に伝えてもらいましょう。仲間に伝えたい意見のある人はいますか」。そして直ちに挙手を求めるのでなく，短くとも考える時間を与えます。その後挙手した子どもを指名します。「では自分の意見をみんなに向かって言ってください」。

　こうすることで，指名された子どもは仲間に向かって自分の意見を伝えようとします。当然体の向きは仲間に向かっています。教師に向かって話すスタイルをとらせてはいけません。その子の話は，ほかの子どもたちにとっては自分に向けられているわけですから，当然みな聞こうとします。しばしば「子どもたちに聞く態度が育っていない」ということばを教師から聞きますが，常に教師と他の子どもの会話を第三者として聞かされる経験を重ねているのですから，そんな態度が育つわけがありません。直接会話する機会を設定する必要があるのです。

　先のような個人と全体の会話をさせるときに，教師が配慮すべきもう一つの指導があります。それは，発言する子どもには「仲間の役に立つ意見」という意識を持って発言させること，聞く側の子どもには，発言者の意見をしっかり聞いて，同感ならばその旨を，異論があれば違うという意見を伝え返すことが大事だということを折に触れて伝えることです。一斉形態での「本物の」意見のやり取りを促すためには，それが学級の仲間全員が高め合う機会なのだということを子どもたちに徹底して理解させる必要があります。

　一斉の協同学習の別の事例の紹介です。小学校3年生の授業で次のような風景を観察しました。算数の計算問題を5問，個別に取り組ませます。教師はその間に問題を板書します。多くの子どもが計算し終わったころに，教師が「では解き方を前に出て説明してもらいましょう」と言って一人の子どもを指名します。その学級では，前に出てきた子どもは，まず仲間全員の方を向いて，自

分が担当する問題を指さし，「いまからこの問題の解き方を説明します。よく聞いていてください」としっかりしたことばで話し，それから，本当に皆に伝えるスタイルで解き方を示していきました。そのクラスでは5問ともに同じ行動を見ることができました。説明する子どもは，仲間にしっかりと正しい理解を伝えようという意志を持っています。聞く側の多数の子どもは，その説明の正しさを吟味することで必要に応じてアドバイスをしようとしています。わからなかった子どもは，しっかり聞いてわかろうとします。

　個別学習ではどうでしょうか。学校でしばしば見られる個別学習の場面は，基礎知識の定着というねらいを持って，短時間のドリルを個別でする場合です。漢字のテスト，英単語のテスト，計算力のテストなど。こういう学習活動は協同学習ではできないのではないかと直感的に思うかもしれません。私はしかし，**個別の協同学習**を図るべきだと考えています。

　計算の速度を高めるために導入されている百ます計算を例にとってみましょう。

　計算用紙を配り，スタートします。早くでき上がった子どもから順に達成の時間が伝えられます。最後の子どもの時間も仲間に示されることになります。計算能力はクラス全員に知られることになります。遅い子どもは恥ずかしく思い，計算嫌いになってしまう場合も懸念されます。ただ，それは教師の側がその計算の学習機会を競争的に進めた場合です。協同による望ましい進め方があるのです。

　クラスの子どもの間に，教科や課題によって得意不得意があることはあたり前です。さまざまな側面で個人差はあるのです。それを隠すとどうなるでしょう。劣った成果しか出せない子どもは，自分のできなさを知ってはいますが，それを知らせないように隠し続けるというストレスにさらされます。そういう差が無いように装わせることは教師の優しさではありません。そこには優劣が重要だという学力に関する差別的な態度が垣間見られます。

　学級の子どもたちが一貫した協同原理の中で学習するならば，個別学習で成果が出ない仲間のことが当然気になります。その意味で，誰が実力不足かの情報は，仲間が共有していた方がいいのです。成果の出ない仲間に対して，子どもはさまざまなプラスの影響を与えていくはずです。直接「がんばろうよ」と

いう声掛けをする場合があるかもしれません。理解の進んでいる子どもが機会を見つけてコーチするかもしれません。そういった直接的な働きかけはなくとも，達成の遅い仲間がいると，先にできた子どもは「あいつはいつも遅いな」というような態度ではなく「がんばれ，がんばれ」という応援の心で待つでしょう。遅い仲間がある基準をクリアするとクラス全体から自然に拍手や歓声が起きるような，そういうクラスづくりがなされているならば，そこに所属する子どもたちは誰もが安心して頑張ることができます。これが個別の協同学習です。「**クラスの仲間全員が自分の味方**」という環境で学ぶことが協同学習だと理解してもいいでしょう。

（4）協同学習の効果とその源泉

　協同原理に基づいた学習活動にはどんな効果があるのか，気になるところです。協同学習は人間関係を育てる機会として適切であり，教科の習得を促すには競争だという意見は常識的な見解として多くの賛同を得そうです。これはしかし，根拠のない間違いなのです。それにもかかわらず，一般的な意見となっていることはとても残念なことです。

　協同と競争が学習や作業に及ぼす効果については，1890年代から数多くの実証研究が重ねられてきています。それらの多くの研究は，競争に比べて協同が有効だということを報告しています。すなわち，実証研究では，競争が協同より成績を上げるという証拠は示されていないのです。

　なぜ競争に比べて協同が効果的なのでしょうか。学習や作業面の効果について，その理由を明らかにしましょう。

　成績を上げる最大の条件は，それに取り組んでいる人の意欲の水準です。協同と競争のどちらが意欲づけの働きをより強く持っているのでしょうか。

　確かに，競争は，何の意欲づけもしないよりは成績を上げるようです。その背景には「他人より優れたい」「勝ちたい」という意欲づけが生じているからです。しかし，競争による意欲づけは，相手に勝つことにあり，勝ってしまえばその意欲は消失します。より多く，より深く学ぼうというように，取り組んでいる課題そのものに意欲づけられてはいません。とりわけ問題なのは，負ける

側にあります。そして競争では圧倒的に負ける側の方が多いのです。人は負けるにきまっていることがらで頑張ろうとするでしょうか。頑張ったのに負け続けるということは，人ならば誰でも持っているプライドが許しません。どうすればいいのでしょう。それは，競争せよと言われても，競争に参加しないことです。強い相手と同じ土俵に上がらないことです。「自分は最初から競わなかったのだから負けても当然，どうってことはない」と考えることで気持ちはとりあえず落ち着きます。

　一般的に，競争で意欲づけられる者は勝つ見込みのある者に限られるのであり，負けそうな者を意欲づけることはありません。競争を学校教育の原理とするならば，意欲づけられる者とそうでない者を作り出します。最近，教育社会学者によって，子どもたちの学力の分布が正規分布ではなく，高い方と低い方に二極化する傾向があることが指摘されてきています。戦後の日本の教育の背景に強く競争の原理があったことが，この意欲の二極化に大きく影響しているように思えてなりません。

　なお，競争の定義をもう一度思い返してください。高校などでテストの順位を貼り出して競争させることで生徒の意欲が高まると思っている人もいるでしょう。テストの順位を知ることが生徒を意欲づけることは確かにあるのです。ただ，それは勝ち負け，競争という次元の問題でしょうか。おそらく生徒たちは自分の位置を知るということに意義を感じているのでしょう。成績の近い者同士はライバルではあっても敵ではありません。実際，次への挑戦のために互いに惜しみなく教え合いなどをしているのではありませんか。ライバル関係は競争の関係ではないということは先に触れました。いい意味での競争と言われる協同なのです。競争ということばを安易に使うとその運用に誤りが生じます。

　では，競争に比べて協同が効果的である理由はどこにあるのでしょう。多様な意見を交わすことで多様な情報を得ることができ，よりよい解決に至る可能性が増す，という相互交流がもたらす効果があります。三人寄れば文殊の知恵，学び合いの効果です。

　さらに，競争が一定の意欲づけの機能を持ったと同様，協同もまたグループで取り組んでいるという事態が，メンバーを意欲づける働きを持つのです。そしてその意欲の源泉は，他人に勝つことではなく，自分の成長意欲を仲間が理

解してくれており，彼らが自分の成長を応援し，手助けすることがあたりまえだと思っており，自分自身も仲間を手助けすることをあたり前と思い，相手の成長が自分にとっても喜びだという場面にあるのです。**信頼に支えられた人間関係のもとで，人はもっとも強く意欲づけられる**のです。

協同原理のもとでは，わからないことをわからないと平気で仲間に言うことができます。なぜならば，そこではわからない愚かさを指摘されることはなく，わかろうとする意欲を仲間は評価し，積極的に手助けをしてくれるからです。わかっている側からの積極的な手助けに対して，相手は心からありがとうと言ってくれます。周りがみんな自分の味方です。

競争学習では学習内容の習得以外に何が同時的に学習されるのでしょうか。競争は，他人に勝つことを善と考える排他的なパーソナリティ育成につながる恐れがありますね。敗者の方がずっと多く生じる競争下の学習経験では，多くの者には自信も育たない可能性が強いでしょう。

一方，協同学習では，学習集団のメンバー一人ひとりに２つの責任が生じます。それは仲間を高めるための援助をつくす責任と，仲間の援助に誠実に応える責任の２つです。**集団における個人の責任**という考えは「連帯責任・個人無責任」という没個性的な傾向の強い日本の集団観とは異なる部分があります。民主社会を維持発展させていくための資質として，その育成への配慮は重要だと考えます。

さらに，授業などの学習活動をしている中で同時学習できることがらはたくさんあります。

教科学習の楽しさは，仲間との学び合いの中で強められていくでしょう。教科に関する関心，意欲，態度の同時学習にふさわしい学習場面となります。仲間との話し合いの機会を通してコミュニケーション能力が伸び，対人的な感受性を学ぶことができ，役割を果たす経験を重ねることができます。自分を成長させてくれる仲間の中で，他人に対する信頼感を獲得できれば，その後の，さまざまな人々とのかかわりのための重要な基礎力を得ることになります。

協同学習は，同じ学習時間を費やす中で豊かな同時学習ができていきます。幅広く豊かな学習成果が期待できるのです。

コラム　競争にまつわる神話

　協同と競争に関する実証研究を系統的にまとめたものとして，コーン（Kohn, A. 1986）の著書があります。彼はその本で，競争の有効性に関する主張は，そのほとんどが誤った情報に基づく神話に過ぎないと，客観的な根拠を示しながら述べています。

　彼が真っ先にあげる競争の神話は「競争は人間の本性の一部であり，社会生活では避けることができない」というものです。

　19世紀後半にスペンサー（Spencer, H.）がたてた社会進化論は，適者生存の競争が個々の人間並びに社会を動かす必然的な原理だとし，広く受容され，人々の記憶に残りました。しかし，それは実証的な検討を経ておらず，彼の都合のよい経験を寄せ集め，予め作ってあった枠組みにそれらをまとめ合わせただけの議論でした。ただ，それが20世紀文明社会に対する，競争は必然だという強いメッセージになったことも事実です。

　コーンは発達的，比較文化的な実験的研究を系統的に検討し，競争は人間が生来持っている特性ではなく，生まれ育った環境のもとで学習されるものだということを明らかにしました。たとえば協同的な文化が優越するイスラエルのキブツで育った子どもは，同じイスラエルでも都市部に育った子どもに比べて，競争を望ましい社会規範として受け容れようとはしない傾向が強いのです（Shapira, A. & Madsen, M. C. 1969; Shapira, A. 1974）。協同的行動も競争と同様，学習によって身につけられるものです。しかし，協同と競争のいずれが人間社会の営みにおいて本質的なものであるかは，これまで人間社会が存続してきた理由を考えれば明白です。もし，人が他人を打ち負かすことばかり考えてきたならば，いまのような人類の繁栄はないはずです。

　コーンは「競争は効果的だ」という考えもまた神話の類だと指摘しています。

　競争社会では競争の勝者の掲げる成果が目立ち，競争こそが生産的であるかのような錯覚があります。競争の有効性の主張は，競争の成功事例だけを根拠にした偏った見解に過ぎません。早期教育の効果を，わずかな成功例だけを取り上げ，その背後にある数えきれない失敗例を考慮しないで吹聴するのと同じ思考タイプ，または意図的歪曲を見ることができるように思います。競争に比べて協同による作業や学習の方が効果的であることは，数多く重ねられた実証的研究を通して明らかな事実として示されてきています。すなわち他者への貢献，他者からの援助という協同の過程で生じる適切な水準の意欲づけは，他者に対する勝利を

めざす競争による意欲づけに比べて確実に効果的なのです。

　集団の効果を高める方法として，集団同士を競争させることが有効だという考えもしばしば示されます。これも実は神話の類なのです。集団同士を競争させることによって一定の効果が得られることは実証研究でも示されています。しかし，集団同士の競争から生じる効果はひとえに集団内の協同によるものであり，競争の要素を入れなくとも得られるということを，ハモンドとゴールドマン（Hammond, L. K. & Goldman, M. 1961）が実証的に明らかにしています。日本で一定の広がりを見せた集団主義教育と呼ばれる実践では，しばしば集団間の厳しい競争をその指導モデルに取り入れてきましたが，それが時に負け組のグループの内部の人間関係にマイナスの影響を及ぼすことが報告されています（片岡 1975）。教育における競争は，個人間でも集団間でもその意義は小さいのです。

コラム　協同と競争の効果

協同と競争がグループの成績や個人の学習に及ぼす効果を実証的に検討した研究は数多くあります。ジョンソン兄弟（Johnson, D. W. & Johnson, R. T. 1989）は，個別条件での学習の場合も含めて，1583の事例を詳細に検討し，次のようにまとめています。数字は事例の数です。

	協同が優れる	差が見られず	協同が劣る
協同条件と競争条件の比較	316	213	45
協同条件と個別条件の比較	513	432	64

また，協同，競争，個別の3条件で課題解決に取り組む過程で生じる同時学習の側面の1つ，自尊感情について，成果を比較した226の事例の結果を次のようにまとめています。

	協同が優れる	差が見られず	協同が劣る
協同条件と競争条件の比較	80	61	1
協同条件と個別条件の比較	44	37	3

さらに，彼らは対人関係についての協同の効果の資料も出しています。仲間への魅力の変化については，744の事例を分析することで，次のような結果が見られました。

	協同が優れる	差が見られず	協同が劣る
協同条件と競争条件の比較	251	151	7
協同条件と個別条件の比較	184	133	18

集団による課題解決や集団を活用しての個人の学習についての実証的な研究は，条件のコントロールが難しく，さまざまな要因が入り混じります。必ずしも関係がいいとは限らないグループを対象とした結果であることがあるかもしれません。協同に感受性を持たない文化のもとでの取り組みを扱ってしまう場合もあります。ただ，上のように，数多くの事例を通してみると，さまざまな条件差を越えて，協同の優位性が見えてきます。

このような事実をふまえれば，競争が効果的だという考えは「神話」に過ぎないことが了解できるはずです。

3 さまざまな協同学習

協同学習ハ自律学習ノ必然的発展デアル

園和第二尋常小学校学校経営案（昭和5年4月）より（末方鐵郎・池田洋『校長職の成立と学校経営史』尼崎市教育史研究会　2009年）

(1) 日本の協同学習

1) 分団学習

　日本では，主に小集団を活用した協同学習の実践がこれまでに多く積み重ねられてきました。古くは大正デモクラシー期に明石女子師範付属小学校を舞台に及川平治が実践と理論化をした「分団式動的教育法」があります（及川 1912, 1915）。これは現代の完全習得学習でブルーム（Bloom, S.）らが提唱した授業モデルに似た方式でしたが，小集団（分団）内の協同の意義を各所で論じているのです。ただ，こういった実践が広く現場に浸透していくのは第二次世界大戦後のことでした。

　日本の教育は，敗戦ののちに，民主国家を支える教育に向かって大きく舵取りがなされました。米国対日教育使節団の指導のもとで，経験主義的な教育の導入が図られ，その実践に際して小集団を積極的に活用するという授業スタイルが一般化したのです。この時期の協同的な学習指導法は分団学習と呼ばれます。小集団ごとに異なった課題を与え，集団中心的な学習活動による成果を学級全体に報告し合い，それぞれの学習を学級全体で共有するという形をとることが多かったのです。

　この方式はしかし，1950年頃，次第に高まる教育の保守化傾向ばかりでなく，革新的な立場からも基礎学力の低下という指摘がなされ，急激に用いられなくなっていきました。ただ，学力の低下は，当時の協同的な実践を支える十分な理論がまだなく，経験のみで進められていたところに原因があったのです。それらの実践がまだ協同学習とは呼ばれていなかったのは，協同の意義の

明確化，その効果を導き出す実証的な工夫に関する情報がなかったことによると考えられます。

2) バズ学習

1950年前後から，日本ではグループ・ダイナミックスへの研究関心が高まってきます。そして，その成果をふまえた小集団活用を特徴とした学習指導法が1950年代中盤にあらわれはじめます。それは，実証的な研究成果に基づき，系統的な学習を効果的に進めることを可能にするものでした。バズ学習はその代表的な学習指導理論です。

バズ学習は，当初はフィリップスら（Phillips, B. N. & D'Amico, C. A. 1956）が考案したバズ・セッション，すなわち，講演会のような多人数の学習会で，タイミングを見計らって6人グループを作り，6分間話し合いをさせるという集団活用の技術を授業に持ち込んだものでした。1955年頃にはバズ・セッションを用いた実践工夫の報告が続いてなされました。そういった研究成果と実践を整理し理論化したのは塩田芳久です。塩田は，それまでは単なる技法にすぎなかったバズ学習を学校における実践の中で捉え直し，学習者同士の相互作用の教育的意味を統合的に考察し，「バズ学習方式」という教育実践領域を幅広くおおう学習指導論を作り上げました（塩田・阿部 1962）。

その理論では，実践を進めるにあたっての3つの基本仮定が置かれています。次のようなものです（杉江 1999）。

①信頼に支えられた人間関係が教育の基盤である

教師生徒間，児童生徒相互，さらには教師集団，学校と家庭および地域にまでわたる多様な人間関係が信頼で結ばれているとき，児童生徒にとって最適の学習環境が準備できる。児童生徒は，自身の成長を仲間も教師も家族も地域も願っているという確信が持てたとき，そして自身の活動が相手の支えとなっていると感じ取ることができたとき，もっとも学習に動機づけられる。「人間関係は学習を促進する基盤」となるのである。

また，人の学習は，そのほとんどが社会的関係性の中でなされる。そして人との相互作用を通して習得したことがらは，単なる知識に終わらず，道徳性や

価値観と有機的に結びつき，社会的存在としての児童生徒の生きる力となるとともに，社会にも有用な意義を持つ。「人間関係は有意義な学習の基盤」ともなるのである。

②**学習指導の基本は学習者の学習への動機づけである**

学習指導で大切なのは，指導者がどのような活動をするかではなく，学習者がどれだけの学習活動を行い，どれだけの習得をしたかである。常に学習者が主役であり，指導者は援助者という脇役なのである。指導は「教えて学ばせる」ことではなく「学ぶ手助けをする」ことを言う。学習はあくまで学習者の学習への動機づけが出発点であることを忘れてはならない。児童生徒は，常に自己発見，自己統合，自己実現をめざす積極的な存在であるという前提を忘れてはならない。学習活動の生起が不十分な場合，その原因は児童生徒の意欲のなさにあるのではなく，意欲を削ぐような指導上の不手際にあるのである。

課題のないところに学習は存在しない，というのは，学習への動機づけのために課題を工夫することの重要性の指摘である。グループの活用は，協同による動機づけの高まりを期待しており，学習到達度に関する情報のフィードバックとしての評価もまた動機づけを高める機能を持つものである。

なお，内発的に動機づけられた学習経験の積み重ねは，興味，関心，態度のような積極的な学習の構えを培うことにつながる。それは生涯学習の基礎となるものである。日々の指導における主体的学習経験の意義を見通した教師の援助も大切なのである。

③**学習指導では原理の一貫性と目標の統合性を図る必要がある**

教師は，学習指導の原理を，場面や学習者によって使い分けるべきではない。使い分けできるのは技法であり，原理の使い分けは学習者の混乱と不信を招く。指導そのものも手応えのないものとなる。バズ学習ではとくに，「差異の強調でなく共通性への着目」を，「排除の論理でなく共存の論理」を，そして「競争ではなく協同的活動」を一貫させることを主張している。

さらに，学習指導目標は，常に統合的視点から設定すべきだと考える。学習者の学習環境づくりのためには「個と集団の成長」を調和的に図ることが効果的である。また「認知的目標と態度的目標の同時達成」は，すべての学習指導領域で可能であるし，統合的にその達成を図ることが双方の目標達成に相乗的

に効果的をもたらす。

　なお，学習活動を通しての児童生徒の習得は，教師からの働きかけだけによるものではなく，仲間の児童生徒からの直接，間接の働きかけの意義も大きいし，地域にある潜在カリキュラムの影響もかかわる全体的な過程の結果と考えるべきである。

　バズ学習は，塩田・阿部が著した『バズ学習方式―落伍者をつくらぬ教育』(1962) の発表前後から，1980 年代半ばまで，広く全国で実践化が図られました。
　1980 年代に入ると，日本の教育政策は目先の人材育成を志向する方向に大きな転換が図られ，個別指導に関心が移り，「個に応じた学び＝個別学習」というような短絡的な発想が大勢を占め，協同的な学習への関心が実践の場から急激に薄らいでいきました。「集団を通して個を生かす」というような観点は忘れられることが多くなっていきました。個性を個人差と混同するという，教育的には誤った文化の広がりに，多くの研究者，実践者は気づかなかったのです。
　21 世紀に入り，協同的な学びは再び見直されてきています。日本の教育界は，差を強調する教育文化の中で学校教育に生じてしまった大きなひずみへの対応を考える中で，協同的な学びを忘れていたことにも気づきはじめたのです。
　バズ学習以外にも，末吉悌次による集団学習（末吉 1959）が，グループ・ダイナミックスをふまえた学習指導論として幅広い実践を繰り広げました。この流れからは高旗正人による自主協同学習の理論が出てきています（高旗 1981）。
　協同の学びへの関心が再び高まってきています。研究と実践の活発化が見られます。
　2004 年にはバズ学習や自主協同学習，その他，日本で開発・実践されているさまざまな協同的な取り組みをしている者が集まった「日本協同教育学会 (JASCE)」が設立されました。2008 年には日本で国際協同教育学会も開催され，世界との交流の窓口も広がっています。学会では年次の研究大会の開催ばかりでなく，機関誌やニュースレターなど，さまざまなメディアによる研究情報の発信や，協同学習の原理と方法を学ぶワークショップの継続的な開催により，協同学習の研究と実践の広がりを支援しています。

3）集団主義教育

　集団主義教育は，全国生活指導研究協議会が中心となって実践を進めた，マカレンコ（Makarenko, A. S.）の考え方に基礎を置く学習指導理論です。この理論の特色は目標論にあり，個の成長よりは集団の成長を優先し，成員の集団への一体感を確立し，民主的な集団を作るところをめざしたものでした。集団主義教育と協同学習が混同されることがしばしばありますが，目標論が大きく違っています。

　集団主義教育の学習指導過程は「班づくり」に特色があります。そして，班相互の徹底した競争を導入します。また「核づくり」という働きかけでは特定のリーダー養成を行います。まさに組織づくりの手続きをとるものですが，個に目が向いていないという問題，また経験のみから発想しているため，集団間競争という効果の少ない手法に固執した点など，方法面では問題の大きい実践論でした。しかし，基本的な理念のところで多くの教師の共感を呼び，幅広い実践化が行われてきています。なお，近年は集団主義教育も児童生徒の個の成長を重視する方向に傾いてきており，実際の実践では協同学習などとの相違が小さくなってきています。

■（2）外国の協同学習

　協同学習は，近年では日本よりむしろ外国での方が関心が高いかもしれません。1979 年には国際協同教育学会（IASCE）が設立されており，その学会の企画で編集された"*Learning to Cooperate, Cooperating to Learn*"（1985）の第 1 章では，4 つの代表的な指導法が紹介されています。そこでは，「協同学習を動かす『エンジン』は常に同じ，共通の目標に向かって学ぶ異質集団だが，他の側面のほとんどすべてにわたってそれぞれの方法は異なっている」（Slavin, R., et al. 1985）と言われるような多様な工夫が見られます。

　簡単にですが，それらを紹介しましょう。協同学習が求められる理由などもわかり，興味深い情報が含まれていると思います。

1) 生徒チーム学習 (Student Team Learning)

　これはスレイヴィン (Slavin, R.) が中心となって研究開発を進めているもので，主にアメリカ大西洋岸のスラム街を抱える都市部の学校で用いられています。高校生たちの学業に対する無気力への対応をめざしたものでした。

　生徒チーム学習では STAD (Student Team-Achievement Divisions) と TGT (Teams-Games-Tournament) の２つの指導モデルがあります。

　STAD は，次のような手続きをとります。まず，教師が主に一斉指導の形で学習内容に関する情報を伝え，その後生徒は，性，人種的背景，能力などで集団内異質，集団間等質の４～５人集団に分けられます。各生徒は集団の中でワークシートを用いて学び合いを行い，問題の出し合いなどをして学習内容の習得を図ります。その後個別にテストを受け，本人の以前の成績を基準としてどれほど進歩したかを測り，それに基づいて得点を決めます。その得点を集計し，最高点の集団は学級のニュースレターで発表するのです。

　TGT は，個別のテストの代わりにチームの代表による勉強ゲームを行います。他の集団に所属する，能力が類似した生徒を相手に問題の出し合いをするなどし，その結果得られた得点をチームに持ち寄ります。このチーム成績もランキング表の形でニュースレターに公表されます。

　生徒チーム学習は，後に紹介する方法と違って，集団間の競い合いをその過程に取り入れているという点が特徴です。

2) ジグソー法 (Jigsaw)

　アロンソンら (Aronson, E., et al. 1978) が中心となって開発したジグソー法は，白人，黒人，ヒスパニックといった人種的集団の協調関係を深めることを主にめざしたものでした。集団活動を，集団内にとどまらず集団間にまで広げたところに特徴があります。

　そこでは５～６人集団を人種，性，能力で異質になるように編成し，各メンバーに，全員が学ぼうとしている学習課題をいくつかの部分に分けた下位課題を，重複しないように割り振ります。各集団では，メンバーは学習課題の部分となる別々の下位課題を与えられ，全員の課題を合わせると学習課題の全貌がわかるという形にするのです。したがってジグソー法では，そのような分割が

可能な課題づくりが教師の重要な仕事となります。

　各メンバーは自分の課題を理解した後，集団を離れ，改めて同じ課題を与えられた者ばかりが各集団から集まった「専門集団」と呼ぶ集団を作り，そこで協同的な学習を行います。その後，もう一度元の集団に全員がもどり，自分が学んだことがらについては所属集団の仲間に教え，他の下位課題については仲間から学ぶのです。最後に個別に，全体の課題に関する理解度をテストします。アロンソンは，このような活動をスムーズに進めるために，集団づくりやコミュニケーション訓練を，ロール・プレイングやブレイン・ストーミングなどの手続きを用いて実施し，さらに集団のリーダー訓練も施すことを強調しています。

3）グループ研究法（Group Investigation : G-I）

　これはイスラエルのシャラン夫妻（Sharan, S. & Sharan, Y. 1992）が中心的な研究者として進めてきた方法です。G-I は知識の習得や話し合いの経験にとどまらない幅広い学習経験を求めており，協同学習のモデルの中ではもっとも複雑なものです。日本の実践で言えば，総合的な学習の時間のような，子ども主体の調べ学習などにぴったりの理論です。小集団に分かれた生徒には，①何を学ぼうとするのか，②その学習をするために自分たちをどう組織化するか，③自分たちが学んだことがらをどう学級の仲間に伝えるか，を決めることが要求されます。G-I では一般に6つの段階が設定されています。

　段階1では研究テーマを理解し，子どもの研究集団を組織します。テーマはいくつかのサブテーマに分けられ，子どもたちは選んだサブテーマが同じ者同士で3〜6人を限度にした集団を作ります。集団ごとに取り組む内容が違うのです。集団は性，人種，能力でできるだけ異質になることが望ましいとされています。

　段階2では各グループで学習課題の設定を行います。子どもたちは自分の選んだ設問をさらに下位のトピックスに分けます。G-I にふさわしい課題はいろいろな扱い方が可能な複雑なものが望ましいとされています。また，さまざまな資料や教材が必要なものがよいのです。生徒たちはその後，研究すべきことは何か，どのように研究するか，最終目標は何かを決定していきます。

段階3では研究を進めていきます。情報を収集し，データを分析・評価し，結論に至るのです。そこでは多面的な角度からの学習が要求され，仲間や教師とのコミュニケーションを積極的に活用します。

段階4では最終報告を完成させます。研究内容を組織的にまとめ，要約し，情報を統合していきます。ここで他の集団と調整を図る機会を持つこともあります。各集団からの代表者を集めた調整委員会を作り，それぞれの集団の報告を査定し，発表の内容や形式について決定するのです。

段階5では最終報告の発表をします。その形式は，展示とか寸劇，ディベート，口頭報告など多様であっていいのです。また，教師と生徒相互の多様なやりとりも交わされます。

段階6は一連の活動の振り返り（評価）です。自己評価，相互評価，教師による評価などの評価情報をもとに，応用力，統合力，結論の質など，学習の水準を重視しつつ，同時に動機づけや個々人の参加・貢献の程度のような情意的な経験についても行われます。評価は個人別よりは集団を単位として行われます。

4）協力学習法（Learning Together）

ジョンソン兄弟によって開発された協力学習法（Johnson, D. W. & Johnson, R. T. 1975）は「最も純粋な協同学習」（Slavin, R. 1985）といわれています。日本のこれまでの協同学習の進め方ともっとも近いものです。この指導法開発の発端には，合衆国で1975年に全障がい児教育法が制定されたことに象徴される健常児と障がい児との統合教育への要求に応えようという意図がありました。何の工夫もなしに教室に統合的事態を作ってもスムーズな交流はできず，かえって障がい児に対する偏見を助長しかねないという懸念があったのです。

ここでは生徒は4～5人の小集団に分けられ，一緒に1つのワークシートを成員の全員がわかるまで協同して学習します。集団間の競争は用いません。また集団の取り組み方を重視し，集団運営に関わる訓練にも力を入れています。

ジョンソンたちの協同学習では，次の5つの基本的要素が不可欠であるとしています。

促進的相互依存関係：集団のメンバーは自分の働きが仲間のためになっており，仲間の働きが自分のためになっていることを理解している必要がある。そのためには協力して取り組める課題を準備しなくてはならない。成績評価でも，仲間同士の貢献が加算されるような仕組みを入れることが効果的である。

対面的な相互作用：協同的な相互作用が理解や習得を促進し，多様な同時学習を可能にする。したがって，豊かな相互作用を交わすことのできる学習場面を設定する必要がある。小集団の編成は能力等の特性で異質であること，サイズも顔を突き合わせて話し合いのできる4～6人程度であることが望ましい。

個人の責任：学習を他人に任せて済むような場面づくりをしてはいけない。協同学習は「強い個人」を作ることが目的であり，その過程では，先にふれた，個々の成員にかかる2つの責任が重視される。

対人技能や小集団の運営技能：互いに知り合い，信頼し合い，正確なコミュニケーションを交わし，受容し合い，支え合い，対立をも建設的に解決する技能を成員が持てるような経験が必要である。

集団改善手続き：集団の活動を振り返り，よりよいあり方をさらに追求すべく，集団ごとに活動後にメンバーが互いに評価を行うことを言う。協同の意義を再発見する機会ともなり，協同への積極的態度を育てる機会となる。

なお，ジョンソンたちは，教師の側にも，協同学習の効果的運営のために協同の意義を的確に理解し，教師集団を協同的に成長させること等を求めています。

5) LTD（Learning through discussion）

LTD，「話し合いによる学習法」は，アメリカのヒル（Hill, W. F.）が考案した協同学習の手続きです。日本にはレイボウら（Rabow, J., et al. 1994）の著書を通して紹介されました。これは先述のスレイヴィン（1985）による協同学習の紹介には載っていません。

LTDは，当初，大学での教育を前提として開発されていたのですが，その手法は小学校でも適用可能なもので，日本でも実践が進められてきています（須藤・安永 2009）。この手法は，テキストの読み取りを課題とする学習活動にと

くによく合っています。少人数で編成するグループでの学習を構造的なモデルにしたがって進めていくことによって，単なる意見交換ではなく，互いに練り上げ，理解を深めていくことのできるところに，この手法の意義があります。こうして得た力は，活用につながるものになる可能性が高いと思われます。また，このような学習過程をたどること自体も，学びの意義の理解に有効でしょう。

　LTD は，学習者に予習をさせることが前提です。その後，ミーティング（授業）に入ります。LTD によるミーティングは次のステップを踏んで進められます（安永 2006）。

段階	ステップ	討論内容	配分時間
準備	St.1 導入	雰囲気づくり	3分
理解	St.2 語彙の理解	ことばの定義と説明	3分
	St.3 主張の理解	全体的な主張の討論	6分
	St.4 話題の理解	話題の選定と討論	12分
関連づけ	St.5 知識の統合	他の知識との関連づけ	15分
	St.6 知識の適用	自己との関連づけ	12分
評価	St.7 課題の評価	学習課題の評価	3分
	St.8 活動の評価	学習活動の評価	6分

　なお，学習者の予習の仕方についてもモデルが示されます（安永 2006）。

段階	ステップ		予習内容	
理解	St.1	課題を読む	全体像の把握	低次の学習 (収束的学習)
	St.2	語彙の理解	ことばしらべ	
	St.3	主張の理解	主張のまとめ	
	St.4	話題の理解	話題のまとめ	
関連づけ	St.5	知識の統合	他の知識との関連づけ	高次の学習 (拡散的学習)
	St.6	知識の適用	自己との関連づけ	
評価	St.7	課題の評価	学習課題の評価	
準備	St.8	リハーサル	ミーティングの準備	

LTDでは，読み取りを前提としたテキストを用います。教科書，論文，新聞記事，エッセイなど，教師のねらいに沿った多様なテキストの導入が可能です。ただ，学習者の関心から大きく外れたもの，手がつかないような難しい内容では，予習への意欲が減退する可能性があります。テキストの選択は教師の側の工夫が必要になります。

　予習を求められることは，日本の教育では多くありません。学習者はそれをきちんとやってくるのでしょうか。学習者のほとんどは，当初の戸惑いはあっても，予習をすることによって学習に参加できることをすぐに理解し，グループの中で豊かな意見交換をすることで成長の実感が持てることを知り，積極的に予習をはじめるようになっていきます。大学のLTD授業に寄せられた学生の感想を紹介しておきましょう（安永2006）。

　「私が一番面白いと感じた授業はLTD学習法の授業です。みんなじっくり話をして，効率のよい話し合いのやり方を試してみて，とても充実感がありました。いまのところ，大学に入学して一番刺激のある授業です。これをやってみて，自分に自信がつきました。普段あまり話さないようなまじめな話題を，初対面の人と話して，みんな大人だなと感じる反面，自分の考えを支持されたことがとてもうれしかったです」（1年生）

　「本当の意味で質の高い授業とは，教師と学生，また学生と学生同士が相互につながりあった授業だと思う。その点，協同学習であるLTDは理想的な学習形態であると思う。

　百数十名の学生を相手に，協同学習が成り立つのだろうかという疑問はあったが，工夫次第でできるということが証明された。実際，学生も意欲的にLTDに参加し，実に楽しそうに学んでいた。‥‥ここでは知識というものが，単なる机上の空論としてではなく，『生きた知識』として確実に自分自身の中に入ってくる」（3年生）

(3) 習熟度別指導と協同学習

　教科の学習において、子どもたち一人ひとりにふさわしい教師の対応が必要であることは言うまでもありません。ただ、近年、そういった工夫として、習熟度別指導の導入が推奨されている状況は、グループ・ダイナミックス、認知心理学など、実証的なアプローチから学習指導の改善に取り組んできている者としては強い懸念を感じざるを得ません。

　習熟度別指導には幾つかのタイプがあります。1つは、学力に応じて固定的な学級集団を作るものです。高校などに見られる特進クラスなどがこれにあたります。このようなタイプの学級編制はバンディングと呼ばれます。もう1つは、特定の教科についてのみ学力別の学習集団を編制するタイプです。これはセッティングと呼ばれています。バンディング、セッティングともに、共通するのは、具体的な指導に入る前に、それまでの学力、習熟度などを、以後の学習内容を習得する能力だと仮定して学級集団、学習集団の編制を行うタイプだという点です。

　また、近年の工夫として、単元の途中までは能力異質の編制による通常学級で学習を進め、形成的評価を行い、その結果に基づいて残りの時間は習熟度別の学習集団で指導するという方法があります。これは完全習得学習のモデルとしてブルーム（Bloom, B. S.）が提唱したものです。

　バンディングやセッティングのように、指導に入る前の資料に基づいて編制した能力（習熟度）等質の学習集団での学習は効果的なのでしょうか。科学的検討に耐える比較実験の成果がその答となるはずです。意外なことに、日本では、実証的研究の装いを持った研究はあっても、実際に科学的な検討に耐えるものは皆無に近いのです。実践報告は数多くあっても、実証的研究はほとんどありません。一方、諸外国では、この領域の問題は ability grouping というテーマで比較的数多く行われてきています。杉江・宇田（1989）が紹介しているさまざまな研究レビューの一つ、フィンドレイとブライアン（Findley, W. G. & Bryan, M. M. 1971）の結論、「端的に言って、能力別グルーピングによって生徒がよりよく学習するとか、特定の生徒群がよりよく学習するとかいうことについては、一貫したプラスの価値が認められない。すべての研究を考えに入れ

ても，結果のバランスはよい方にも悪い方にも強い効果として働いていない」は，この領域の研究の結論をよく代表するものです。

すなわち，広く信じられている，習熟度別の指導は学力を高める効果があるが生徒指導上の問題がある，という考えは誤りなのです。学力等質集団を用いた指導は，学力面の効果が特にあるわけではなく，生徒指導上の問題が生じやすい，と理解することが妥当なのです。生徒指導上の問題についてはアイルソンとハラム（Ireson, J. & Hallam, S. 2001）の著書に詳細に紹介されています。

ただ，学力等質の学習集団を，児童生徒の習熟の程度に応じるために，時に用いることが適切な場合もあるでしょう。その場合，どんな工夫をすれば効果的であり得るのか，そのことを承知しておく必要があります。外国の研究では，学力の段階に適切に応じたカリキュラムが開発された場合に限って，能力等質集団での効果が認められることが示されています。日本でも，このような視点からのカリキュラム開発が必要です。

新たな学習内容に取り掛かる前に，信頼性の高いグルーピングを行うことはきわめて難しいと考えられます。高校でしばしば導入されている特進クラスなどは，総合点でグルーピングをしている場合が多く，個別教科についてはグルーピングの信頼性は低いものと見なくてはいけないでしょう。また，子どもたち自身に，習熟度の高・低，いずれのクラスに行くかを自己選択させるという実践もよく耳にしますが，かれらの選択の妥当性を高める指導が適切に行われているかどうかという問題がそこにはあります。

多くの場合，習熟度は予測可能なものではなく，指導の過程でついてしまうものと考えるべきであり（したがって習熟度に差がつかないような指導をまず心がけることが必要と言えます），ついた差に対応するという考えの方が適切ではないでしょうか。その意味では，先にあげた完全習得学習モデルの適切性が高いと考えられますが，なおそこでは，能力等質集団での教育というマイナス要因があることは承知しておくべきでしょう。

学力別に分けて指導しようという考え方自体に幾つかの教育的な問題が含まれています。

その1つは，学習指導の過程では，教師による指導が優先するものと捉えていることです。そうではなく，指導者の論理より学習者の心理をふまえた，主

体的学習態度の同時形成を図った授業こそ，いま，求められているはずです。また，予め学力別に分けるという判断の背景には，子どもたちの間に学力差があるのだという，指導者側の信念が存在しています。その信念は，おのずから，教師の側に，学力別のそれぞれの学習集団の子どもに対する期待を生じさせるでしょう。教師の期待が児童生徒の学習成果に大きな影響を及ぼすことは「教師期待効果（ピグマリオン効果）」の研究から明らかです。

　もう1つ，学力の差を見ようとするとき，同時に発達の個人差も十分に考慮しなくてはいけません。このことはしばしば忘れられがちです。教師が発達の個人差を学力差だと固定的に捉えてしまうことで，将来を見通しての個に応じた適切な教育とならない場合が生じ得ると考えられるのです。

　予め学力に応じてグルーピングを行うという手法は，どのような学力形成をめざしているのでしょうか。教科内容の習得を進めようという意図はうかがえるのですが，授業の過程で生じるさまざまな同時学習についてはどうなのでしょう。協同学習による，学力異質な仲間との学び合いは，情動的知能と呼ばれるような，より幅広い知的能力を高める機会です。習熟度別指導には，高学力の子どもの伸びを援助するといった発想も背景にあるようですが，単に学習の進度を速めたり，困難度の高い問題に取り組ませたりするという，教科学習の側面のみを前提としていたのでは，めざすべき学力としては不十分と言えるでしょう。

　幅広い教育効果を高める基本は，学習者の学習への動機づけです。それを高める条件かどうかが，教師の授業設計の良し悪しの基準です。学習集団編制の仕方は，そのメンバー一人ひとりの動機づけに大きくかかわる条件です。学力等質，似た者同士の集団は，高い者同士の場合，しばしば競争的活動が生じ，学び合い，高め合い，励まし合いという，協同事態ならば得ることのできる，より効果的な動機づけが得られない場合が多いのです。また，問題は学力の低い者同士の集団で大きいと考えられます。そこでは，一般にメンバー個々の学習への動機づけが低く，意欲を持って学ぼうとする仲間のモデルもおらず，その指導には相当の努力が必要となります。集団からの動機づけということを考えても，学力等質集団は，すべての子どもにとって望ましくない学習条件だと言えるのです（杉江 1992; 佐藤 2004）。

(4) 少人数授業と協同学習

　日本の学級編成の基準である40人というサイズは大きすぎるのではないかという批判にはもっともなところがあります。クラスサイズの実証研究を検討してみても，やはり20～30人くらいが一般的に言って，望ましいサイズのようです（杉江1996）。

　2001年度から日本で幅広く実践化がはじまった少人数授業の試みがあります。当初，これは習熟度別のクラス分けを前提としていましたが，それは有効な手立てとは言えないことは先に述べました。ここでは，クラスを学力の似た者同士で編制するのではなく，クラス内学力異質の形を前提に少人数授業の話を進めます。

　少人数授業は，指導の徹底に有意義だと考えられているようです。しかし，教師が指導を徹底すれば，子どもの学習過程はどうしても受身的になってしまいます。かれらが教師に積極的にかかわるようすも見られるようになりますが，その中身を観察すると，「先生，この字どう読むの」とか，考える前に「先生これ教えて」というような，安易な質問にあふれていることに気づきます。われわれが追求すべき学力形成の機会になっているとは言えない現状があります。

　私は，少人数授業を，子どもの主体的な学習活動をメインに置いた授業計画が可能になる条件だと考えています（杉江2003）。具体的には，個別学習やグループ学習など，子ども主体の学習活動を授業の中に積極的に取り入れてみようということです。40人ではなかなかそこまで子どもに任せきれないけれど，15人から20人くらいのクラスサイズならば，相当思い切った子ども主体の授業を組み立てることができるのではないか，ということです。実際，協同学習の実践をはじめようといういくつかの学校では，少人数授業での学び合いをそのスタートにしています。

　それからもう一点，私は少人数授業は効率的に進めることが可能な条件だと考えています。少人数ですから，解説の時間も比較的少なくてすみますし，個別指導で済ませて全体のまとめを省略することもできます。ただ，時間が余ると，教師はそれを遅れている子どもへの対応にしばしば使っています。教師は1時間1時間で勝負しようとしているようです。そうではなくて，単元を単位

に授業を設計して，各時間は少し効率的に進めて，浮いた時間でもう一度復習をさせたり，定着を図ったりするという指導過程の組み立てを考えたらどうでしょうか。少人数授業で可能となる効率性の生かし方です。

効率的に進めることで，浮いた時間に発展教材や定着の教材などを個に応じた形で入れ込んでいくことが可能になるのではないかと考えます。学級の仲間全員が伸びることが大事だと認識している子どもたちは，クラスの中で仲間が別々の課題に取り組んでいても，応援こそすれ，足を引っ張るようなことはしません。少人数授業は単元単位で設計することが前提になります。

なお，少人数授業をいつ，どのように導入するかは，子どもの学びを援助する授業設計の上で重要なポイントとなります。少人数授業が可能になったということは，ティーチングスタッフの人数が増えたということなのです。この増員スタッフを少人数授業に限定して活用するのは形式的過ぎると思います。授業設計では，教材や子どもの状態に応じて柔軟に，教師が意思決定者として最適化を図るべきです。したがって，時にティームティーチングの形の学習ステップを入れたり，学年単位で学級解体をして，複数の担任に少人数授業担当教

コラム　小規模校と協同学習

　少人数授業の課題の多くは小規模校の課題でもあるように思います。小規模校では，児童生徒数が少ないことから生じる社会的経験の少なさがしばしば指摘されています。人間関係が小学校から中学校6年間にわたって固定化するというような意見もしばしば耳にします。

　ただ，多くの小規模校を参観しますと，教師が気づきにくい大きな課題を折々に目にします。それは，教師の目が行き届き，個別の対応が可能だという，メリットではないかと思われる条件からくる課題です。

　小規模校では，しばしば教師が子どもの学習に「介入」しすぎるのです。ここで敢えて「介入」ということばを用いたのは，子どもが自ら学ぶ機会を教師が奪っているように見えるからです。教師のかかわりが増えることで，子どもの学びは受身的になってしまいます。教師に教えてもらうことが勉強だということ

員を加えたスタッフで多様なメニューを準備したりするなどの進め方を図るといいでしょう。少人数授業は広い意味でのティームティーチングです。

(5) 道徳, 人権教育と協同学習

「道徳, 人権教育は協同学習でできるのでしょうか」と教師から尋ねられることがあり, とても驚きます。道徳, 人権教育は協同学習の原理をふまえずにできるのでしょうか。教師の講義という形で進められる道徳授業であっても, 学ぶ側の子どもたちが, 学級の仲間全員がより適切な規範を内面化していこうという, 一致した協同的な構えを持って聞いていなくては効果的な授業にはなりません。

さらに, 学級全体の話し合いでも, 発言する側の子どもには, 他の仲間を高めるために自分自身の考えを表明するという自覚を持ってさせるべきです。そして聞く側も, それを聞いて, 吟味して, 取り入れるべきところは取り入れ, 必要に応じて, 建設的な批判をすることで, 相手や学級全員を高めるという気

を, 毎時間毎時間繰り返し同時学習してしまいます。教師が声をかけてくれる。これは別の見方をすれば教師が誉めてくれるから勉強するということにつながります。これでは, 教師のいないところ, 誉めてくれる機会のないところでも学習するという態度は育ちません。自主的な家庭学習は期待できないでしょう。授業中は教師を呼ぶ声がひきもきらず続きます。「先生これ何？」「先生できたよ。見て！」等々。一見教師との心温まる関係があるように見えますが, 子どもの中に何が育つかを考えたとき, こういった授業でいいのでしょうか。

小規模校でも, 少人数授業と同様, 子ども主体の授業を基本とした進め方を工夫することが大事なのです。子どもの数が少なく, 目が行き届くのですから, より大胆にそういったスタイルの授業に挑戦することができるはずです。

なお, 人間関係の固定化をはじめとする社会的経験を補うためには, 協同学習の原理を根底にしっかり置く指導を進めることです。協同の考え方の中にある認め合いを貫くことで, また, 集団での取り組みを課題解決志向の活動として進めることで, 子どもたちは自分自身も, お互いも, よりよく知ることができ, 一歩踏み込んだ働きかけ合いができ, 尊重し合う関係ができていきます。

持ちで聞く必要があります。教師との問答だけでは気の利いた意見の羅列に終わり，心が動く学びにはならないことも多いと思います。

　子ども同士が話し合うということは，自分の考えを他者の評価にさらし合うことでもあります。高め合おうという協同的な信頼関係のもとでは，自分の意見を忌憚なく話すことができ，忌憚なく批判もできていきます。切磋琢磨があたり前になるのです。教師の話を聞いて，わかったつもりになるばかりでなく，自分なりの意見を発信することで，自分が本当に理解しているかどうか明らかになります。

　道徳，人権の教育では，行動の変化まで期待しているはずです。いいお話に出会ったという程度の学習体験では，態度の変容，行動の変化は期待できません。協同学習は集団の力学を有効に使おうとしています。仲間集団の中で，一人ひとりが自分の意見や立場を表明するという形で，テーマへの関与を高めることができ，それが態度や行動を変容させる力があることは集団心理学で明らかになっています。

　ある校長先生のことばが浮かびます。もともと協同学習を積極的に取り入れていた学校なのですが，その学校が国際理解教育の研究指定を受けた折，「クラスの仲間と信頼関係がもてなくて何が国際理解か」と言われたのです。道徳，人権教育もまったく同じことが言えるでしょう。普段から，一貫して，仲間と信頼関係を結び，自分自身と同様に他者をも大切にし，認め合い，高め合うという考えを共有できないところで，道徳や人権の教育がきちんとできるはずがありません。

　バズ学習の実践では，同和教育の課題をあわせ持つ地域で，授業から生徒指導まで一貫して協同の原理を貫くことが学力保障と人権的課題の解決に向かう最適のアプローチだとした取り組みを見ることができます（越智・杉江 2001）。この実践は2町をまたぐ大きな実践でした。

　協同学習の原理をふまえた道徳の授業実践は多く報告されています。LTDを適用した実践を一つ紹介しておきましょう（須藤・安永 2010）。

　この実践では，教材を子どものものとして読み取らせるために，LTDのモデルにある予習を使います。ただ，多くは家での予習ではなく，朝の会でそれを行いました。実施は6年生。「希望・勇気・努力」をテーマとした読み物「一枚

(5) 道徳，人権教育と協同学習　47

のはがき」を題材にしました。めざしたねらいは，「鉛筆が鉛のように重く感じながらもくり返し文字の練習をするおばあさんの気持ちを考え，希望を持ってくじけないで努力しようとする実践意欲を持つことができるようにする」でした。時間をどのように活用したか，そしてLTDの各ステップをどのように当てはめていったかについて一覧にしたのが下の表です。

道徳に関する指導内容と方法，および学習指導過程との対応

活動時間	時間(分)	St.[2]	内容	形態	学習内容	指導過程
家庭学習[1]	(20)	1	内容把握	予	資料「一枚のはがき」を何度も読み，わからない言葉に線を引く。	
課外(朝活動[4])	10	2	語いの理解	予ミ	言葉の意味を調べ，グループ内で発表する。	導入
	20	3	主張の理解	予[3]ミク	資料のねらいを考える（学習プリント①）。グループ内で順番に発表し，まとめる。全体で話し，授業のめあてを決定。	
	20	4 5 6	話題の理解 知識の統合 知識の適用	予	資料の内容を自分の知識と関連づける（学習プリント②）。くり返し字の練習をしているときの登場人物の気持ちを想像する。登場人物と自分の生活とを関連づける（学習プリント②）。	
	10	7	評価	予	目標達成の経験や，努力している友だちの姿を書く（学習プリント③）。	
授業(公開)	45	25	4 5	話題の理解 知識の統合	ミク	グループ内で順番に発表し，登場人物の気持ちについて話し合い，まとめたものを全体で発表する。また，それに対する意見やつけ加えなども行う。	展開
		15	6	知識の適用	ミク	グループ内で順番に発表し，めあてに対する考えを話し合い，全体で発表する。その際，関連づけについても発表する。	
		5	7	課題の評価	ク	目標達成経験について代表児童が発表する。代表児童は教師が決定する。	
課外(昼休み時間直前)	15	5	8	活動の評価	ミ	St.7の代表児童以外の経験についてグループ内で出し合う。	終末
		5			ク	グループ内で出し合ったことについて全体で発表する。	
		5			予ミ	最後にすべての活動を終えての感想を書き，グループ内で出し合う。	

(注) 1　家庭学習においては20分程度の音読を指示した。
　　 2　St.はLTD過程プランのステップに対応する。
　　 3　予は個別の「予習」。ミは4人グループ「ミーティング」。クは「クラス全体での対話」。
　　 4　朝活動は毎日20分間実施。主に，試写やドリルによる復習などを行っている。

また，犬山市立城東中学校の岩田和敬氏の道徳実践では，基本的な進め方の構想を次のようにまとめています。

導入	**課題の提示**　写真，新聞記事，教師の自己開示による生徒の思考の活性化を図る。
展開	**1. 個人学習** 個人でじっくり「価値シート」に取り組む（自分を見つめる時間）。 ＊価値シートという形式のワークシートを通して，生徒自身とことがらとの出会い，係わり合いを図る。 **2. グループでの聴き合い活動** 個人学習での自分の考えをもとにしながら，各自がグループ内で意見を発表する。 他のメンバーの意見を十分に聞く。 意見を互いに認め合うことに重点をおく。 自分と他のメンバーの考えの違いに注目する。 発表タイムと質問タイムを分ける。質問タイムでは，否定的な質問ではなく，発表者の考えでよくわからなかったことを聞く。 **3. 学級全体での聴き合い活動** グループ内の聴き合い活動で出た意見を全体で聴き合ったり，焦点を絞って聴き合いをすることで，新しい考えや選択肢に気づいたり自分の考えを深めたりする。 **4. 個人学習** もう一度自分の選択した価値とその選択理由とを改めて点検し直す。
終末	**個人学習**　感想用紙に気づいたこと，感じたことを書きながら主体的な価値選択を行う。

この構想では，個を出発点とし，グループ内，クラス全体という2通りの集団を通ってきた意見が最後にまた個に返るというプロセスをたどるようになっています。よい話し合いができたな，といったような緩い感想で授業を終わるのではなく，個として，どのように変わることができたかを確認させるという意図が明確に含まれています。こういった経験は，自分自身が変わることが学ぶことなのだということを子どもたちに実感させる機会ともなっています。

(6) 調べ学習と協同学習

学習指導要領の改訂に伴って，2000年から段階的に小・中・高・特別支援学校で実施されてきた「総合的な学習の時間」には，「自ら課題を見付け，自ら学び，自ら考え，主体的に判断し，よりよく問題を解決する資質や能力を育てること」「学び方やものの考え方を身に付け，問題の解決や探究活動に主体的，創造的に取り組む態度を育て，自己の生き方を考えることができるようにするこ

と」「各教科，道徳及び特別活動で身に付けた知識や技能等を相互に関連付け，学習や生活において生かし，それらが総合的に働くようにすること」という3つのねらいを実現することが求められています。

　そのようなねらいは，基本的には，各教科でも追求され，実現されるべきことがらです。しかし，多くの教科指導の中身が，知識・理解にとどまり，学びの方法や学びの構えの形成に向かってこなかったという実態の中で，新しい枠組みを作らざるを得なかったところ，そして「総合的な学習の時間」を起爆剤として，新しい時代に要請される学力形成の文化を日本の教育文化に付け加えたいというところに，本来の目的があったのではないかと私は思います。

　ここでめざす学力は，教師の講義による座学では達成できません。子ども主体の調べ学習の導入は不可欠です。調べ学習はこれまでも実践の場でなされてはきました。しかしその頻度はきわめて少なく，実践の場に，調べ学習の確かな方法は定着していませんでした。総合的な学習の時間がはじまって，試みられた実践は，そのほとんどが理論に支えられたものではなく，教師の経験を出し合う試行錯誤的なものでした。授業計画は，必ずしも筋が一本通っておらず，あれもこれもと入れ込んだ，わかりにくいものになっていました。その結果，子どもたち自身，その活動を通して何を身につけることができたのか，自己評価できず，単に「楽しかった」「いろいろなことができてよかった」というレベルの感想で終わることも多かったように思います。

　「主体的な取り組みの構えができるようになったか」「物事を知るための方法がわかったか」「教科の学習内容が生きることを理解したか」といった本来の目的を達成するためには，調べ学習の理論を検討した後に実践する必要があります。

　2000年を迎える頃，学校の中に調べ学習のねらいと方法の理解が不十分なまま総合的な学習の時間がはじまろうとしていることに，私は危機感を感じていました。そこで仲間と出版したのが，イスラエルで協同学習を研究しているシャラン夫妻の著書の翻訳でした（Sharan, S. & Sharan, Y. 1992）。彼らが提唱するグループ研究法（Group Investigation: GI）という授業モデルは，協同学習をベースに置いた調べ学習の考え方と方法です。これが日本の実践に定着すれば，子どもが大きく成長する調べ学習が可能になると考えたのです。

外国の協同学習の紹介の折に概要は述べましたが，もう少し詳しくそのモデルを示しましょう。

学級全体で取り組むテーマは教師が決めます。子どもたちに「何を調べたい？」と問いかけて，自分のやりたいテーマに取り組ませるという手法は望ましくありません。なぜなら，子どもたちには，考えるための資料となる豊富な情報があり，取り組んでいくにしたがって中身の理解が深まり，取り組む値打ちのある課題を選び出す力はないからです。また，学級の協同ということを考えると，学級全体で高め合える内容であることが望ましいということもあります。

ある中学校で，やりたいことなら何でもいいよという教示で課題設定をさせたところ「バトントワリング」をやりたいというグループができたのだけれど，2，3回取り組んだら，もうやることがなくなってしまって，教師も生徒も困っている，という話を聞いたことがあります。中学生以降になれば，生徒に課題設定をさせてもある程度可能になるのでしょうが，そのためには相当の準備や仕掛けが必要になります。生徒の単なる思いつきをそのまま取り入れるような指導は望ましくありません。学級内で相互に関連性のないテーマが並ぶならば，グループ間の協同もできなくなります。

私が大学の教職課程の演習で行う調べ学習では，毎回「HIV/AIDS」を共通課題として設定しています。シャランたちは，合衆国で行った小学生対象の実践研究では「ネイティブ・アメリカン」などをテーマにGIを実施した事例を紹介しています。

教師が決めたテーマは，それだけでは興味を感じない子どももたくさんいるに違いありません。そこで，シャランたちは，1時間目にテーマを示し，それがどんなに魅力的で，大事で，深みのあるテーマかを，資料をいろいろ用いて紹介します。視聴覚教材や実物を使います。さらに，1，2週間，「ネイティブ・アメリカン・ウイーク」と称して，アメリカ・インディアンに関する図書や民芸品，写真などを教室に掲示，陳列して，子どもたちの関心を高めます。私の場合も，「HIV/AIDS」というテーマが学生にとって直感的に魅力を感じさせるとは考えませんので，第1時間目にはこのテーマについて，さまざまなデータを用いながら，その意義を理解させる機会を設けます（亀田・杉江 2007）。

(6) 調べ学習と協同学習　51

こうした仕掛けをした後の進め方を 6 つのステップにまとめたものが下の表です。
クラス全体でサブテーマを決め，これに対応する研究グループを編成する，

教師による共通課題提示後の Group Investigation の各段階と教師・生徒の役割
(Sharan & Sharan 1992　石田・杉江・伊藤・伊藤訳 2001 より）

Group Investigation の各段階	教師の活動	生徒の活動
I クラス全体でサブテーマを決め，これに対応する研究小グループを編成する（2〜3時間）。	・サブテーマを決めさせる。 ・探索的な討論のリーダーをつとめる。 ・共通テーマの興味深い側面に気づかせる促進者。	・関心のある疑問点を探す。 ・それらをカテゴリー別に分類する。 ・参加したい研究グループを選ぶ。
II グループで自分たちの探求計画を立てる。何を研究するのか，そしてどのように進めていくのか（1〜2時間）。	・グループが計画を立てるのを援助する。 ・協同的なグループ活動が行えるように援助する。 ・情報源を見つけるための援助をする。	・何を研究するのかを計画する。 ・情報源を選び出す。 ・役割を割り振り，取り組む課題を分担する。
III グループで探究活動を実行する（3〜4時間）。	・研究のためのスキルを援助する。 ・協同的なグループ活動が行えるように援助する。	・自分たちの持った疑問の答を追求する。 ・多様な情報源から情報を見つけ出す。 ・見つけた知見を統合し要約する。
IV グループで自分たちの発表を計画する（2〜3時間）。	・発表の計画を伝え，委員会を組織しながらスケジュールなどを調整する。	・自分たちの見出した知見のうち何が重要かを決める。 ・クラス全体に対してそれをどのように伝えるかを検討する。
V グループで発表する（2時間）。	・発表の進行をコントロールする。 ・意見交流を図る。	・発表者は発表内容についてクラスメートからの意見を求める。
VI 教師と生徒が個人レベル，クラスレベルで Group Investigation を評価する（2〜3時間）。	・新しい情報の処理や高いレベルの思考，協同的な行動を評価の観点に据える。	・探求者およびグループメンバーとして，活動の諸結果を理解面も含めて明確にする。

というステップでは，サブテーマの例を相当数教師が示した方が，関心の範囲が広がり，学級全体としての成果が高まることが多いようです．もちろん，例を越えてテーマ設定をしてもよいことも伝えます．グループサイズは3〜6人程度．単独のテーマ設定をした子どもは，どこかのグループに所属させ，その子どもの意見を十分に斟酌することをグループに伝えておきます．サブテーマについての議論は2時間程度かかります．一斉で進めるのか，グループ形態で進めるのか，テーマや子どもの状況に応じた工夫をしましょう．

次の，**グループで自分たちの探求計画を立てる**，というステップでは，資料収集のための情報のありかを調べ，それぞれの情報源から何を引き出すのか，どういう分担で進めるのかを話し合います．教師は，図書館の利用方法，参考図書の教室への借り出し，インターネットの活用，学校外に出ての聞き取り調査の方法など，可能な手段を教えるべく予め準備しておく必要があります．もちろん，子どもの要求にすべて応えられるわけではありませんから，一定の制限をする場合もあります．

大学生を対象とした私の実践では，前のステップから1時間をこちらに移して，KJ法を用いて，自分たちが選んだサブテーマの中身を，グループで構造化し整理するという作業を入れています．

3番目の，**グループで探究活動を実行する**，では，さまざまな手段を用いて資料収集をしていきます．総合的な学習の時間の実践では「体験」を重んじることが多いようで，ここに時間と教師の労力をかけることが多いようです．ただ，その「体験」は，学びの構え，方法を学ぶという，学習のねらいを実現するものでなくては意味がありません．

小学校4年生が市役所に出かけて，その建物の立派さや，市長が優しい人でしたといった報告をした事例に出会ったことがあります．フロアからの質問で「ところで市役所は何をするところなのですか？」という質問が出て「わかりません」と答えたやり取りが記憶に残っています．外に出かけてインタビューや観察をし，「いい体験」をしたとしても，自分の枠組みの範囲で気づいたことを報告するだけというのでは，かけた時間と労力に対して成果が少なすぎるように思います．行政についての理解の枠組みがあり，知りたいこと，調べたいことが予め準備されていて，調査は意味を持つのです．しっかりとしたねらいづ

くりがあってはじめて子どもの成長も見込むことができるのですから，「体験」というあいまいなことばだけで実践を語らないことが必要なように思います。

　目的に沿った資料収集を行い，必要に応じてグループで集まり，情報の選別や不足する情報を満たす試みを子どもたちにさせていきます。このあたりのステップになると，基本的に教師が出る幕はなくなっていきます。自主的，自律的な学習活動がなされ，教師には時折のアドバイスだけが仕事となります。

　次の，**グループで自分たちの発表を計画する**，では，自分たちのグループとして何をプレゼンテーションすれば学級の仲間に貢献できるか，メインテーマの理解を深めることができるか，というアピール・ポイントを議論して決め，次にそれをどういう形で伝えると効果的に伝えられそうか，その手法についてグループで決めさせます。そしてその分担，資料づくりなどを行います。学級としてそのプレゼンテーションをどのように進めるか，運営はどう分担するかなど，グループ間で話し合いをさせる場合もあります。

　日ごろ，こういった実践をする機会が少ない場合は，子どもたちの間に，発表するということの意味が理解されていないことも多いと考えられます。プレゼンテーションでは，自分たちが話すことが目的ではなく，聴衆に伝えることが目的なのだということをしっかりと理解させなくてはいけません。グループによる情報提供がクラス全体を高めるのだということを教師はしっかりと教えましょう。私は，自分の授業では，プレゼンテーションの意味と方法ということで，資料を用いて講義をします。良いプレゼンテーションのポイントを伝えておきます。さらに，プレゼンテーションは伝えることに意味があるのだから，その方法は何でもよいこと，そして具体的な事例なども伝えます。パワーポイントを使うグループもあるでしょう。紙芝居や，寸劇を導入する場合もあります。ペープサートなど，教師が国語の授業で使った手法を応用する子どもたちもいるかもしれません。ここは，趣旨さえしっかりと押さえてあれば，子どもたちの発想を楽しめる段階です。

　なお，プレゼンテーションは基本的には限られた時間の中で行われるものですから，時間制限を予めきちんと伝えておきましょう。その時間をきっちり使えるように，予行演習が必要であることも伝えましょう。

　そしていよいよ，**グループで発表する**段階となります。発表するグループに

は，発表して聴衆に中身を伝えるという明確な課題があります。聞く側にも課題があることを念押しておきましょう。すなわち，きちんと聞きとって，それぞれのプレゼンテーションから何を学んだかを確認し，プレゼンテーションの仕方について，評価し，発表者に伝えるという課題です。これがあってクラス全体の協同が成り立ちます。

聴衆には，各グループの発表について，有意義な評価情報が提供できるような評価票が渡されます。評価票には次のような項目が含まれているといいでしょう。

①発表は聞き取りやすかったですか（5段階評価）
②発表の仕方でさらにどんな工夫があるとよかったですか（自由記述）
③出された資料は適切でしたか（5段階評価）
④他にどんな資料があるといいと思いましたか（自由記述）
⑤このグループは結局どんなことを伝えたかったのでしょう（自由記述）
⑥グループの考えに賛成ですか（5段階評価）
⑦グループの考えに対する意見を書いてください（自由記述）
⑧グループの発表を聞いてあなたの考えが変わったところを書いてください（自由記述）

この授業モデルは発表して終わりではありません。最後に，**教師と生徒が個人レベル，クラスレベルでGIを評価する**時間が2～3時間とってあります。私が，このモデルでもっとも気に入ったところがここなのです。シャランらは，次のような方法をとることを提案しています。

発表した各グループが，自分たちのプレゼンテーションを聞いていれば答えられるはずのことがらをテスト問題として2問作ります。5グループあれば10問のテスト問題ができます。そして，この評価の時間に，自分たちが作った問題以外の8問を全員が個別に解答します。その結果をグループに返します。仲間の解答を見ると，自分たちのプレゼンテーションの中身がどのように聴衆に伝わったかを知ることができます。これは実にはっきりとした評価情報と言えるでしょう。上の，評価項目の⑤は，この趣旨で入れたものです。

発表の後に，数名の聞き手に簡単な感想を言わせて終わるのでは，プレゼンテーションとは何かということの本当の意味が子どもに伝わりません。本物の振り返りを調べ学習でさせるという点で，最後にこのステップがしっかりと据えられていることの意味は大きいと考えるのです。

(7) 教科外，教室外の協同

協同学習は授業だけに適用される原理ではありません。協同学習を学校の学習指導原理として底に置いている学校では，授業にとどまらず，教科外，教室外の子どもの成長支援のあらゆる機会を協同原理で進めていきます。序列を争う競争と，共に育ち合う協同を場面場面で使い分けるなどということは，教師の側でしたつもりになっても，子どもに納得されるはずがありません。

学級活動，児童会・生徒会活動，学校行事といった特別活動を進めるにあたって，協同原理をふまえることが効果的だろうという予想は当然つくと思います。特別活動も，教育的な働きかけの機会として，明確に目標を持って行われるものであり，その目標は，教科のねらいとの間に整合性を持っていなくてはいけません。たとえば，学級活動を単なる仲よしづくりと捉えていたのでは，子どもたちに将来にわたって意義のある集団経験とはなりません。

特別活動は，基本的にはすべて「課題解決」を求める活動のはずです。特別活動の中身をしっかりと吟味し，子どもたちにとっても値打ちのある成果を出させるべく，学級としての協同を促すという視点が大事です。

学級活動の中身は多様ですが，係活動などはまさに集団としての課題解決行動を求めるものですし，適応にかかわる活動では，クラスの仲間の個に応じた適応という課題がメンバー一人ひとりにしっかり意識される必要があるはずです。ガイダンス機能を追求する場合も，共に育つという観点を仲間で共有することで効果的な学びが進むはずです。

犬山市立犬山南小学校は，2004年から継続的にキャリア教育を追求してきているのですが，そこでは授業も特別活動も，あらゆる学びの機会を一貫した協同原理で進め，将来に向かって自分自身に期待をしっかり持った自信のある子ども（犬山南小学校のことばでは「自分を拓く子」）の育ちを図ってきました。

そこでは，育ち合いの文化が同時に育ち，不登校をはじめとする子どもの不適応はきわめて少ないのです。

児童会，生徒会は，階層性のある組織を自律的に運営する力を育てる大事な機会です。明確に協同的な課題を教師が準備することで，組織の一員として，仲間の満足度を最大に高め，仲間の育ちを支援する議論を子どもたちができるようになっていきます。そういった教師の準備や仕掛けが，自治的な活動へのヒントとなり，子どもの自主・自律によるさらなる成長を促します。

学校行事についても，さまざまに協同的な試みを導入している実践が試みられています。子どもたちの意欲をしっかり高めることで，彼らの自主的な企画参加を促した事例などもあります。三重県立朝明高校では，修学旅行に代えてスキー実習を導入した際，生徒の自然体験やスキー技能の上達など，明確な目標を教師が立て，生徒が共に育つという視点を基礎におき，事前の指導を十分な配慮のもとに繰り返す過程で，生徒の側から委員会を設置して企画に参加したいという申し出があり，教師との協同で行事を進めることができたという事例を報告しています（杉江・神谷・佐藤・伊藤1986）。企画に生徒が参加することで生徒の行事への受け止めがさらに主体的になり，共に育つという協同的な動機づけが参加生徒全員に高まったという成果を得ています。

中学校では，部活動は生徒の活動の大きな部分を占めています。部活が学校に通う意欲の源泉になっている者も多くいます。運動系の部活で多くみられるのは，勝つことが練習の動機づけになっているということです。ただ，競技会で優勝できる者は1人，または1校です。したがって，練習の過程そのものにも生徒が意義を見出し，そこに自分自身の，そして仲間の成長を確認できる指導が必要になります。

部活動の指導では，指導教師の力量が問われます。しかし，同時に，部員の意欲を高める工夫がなくては，生徒の育ちの機会としてはすぐに限界が来ます。この意欲づけを図る手法として，そして，練習過程を充実したものにするために，協同の視点で部を運営して成功した事例は少なくありません（たとえば，神戸新聞1973年9月7日付記事）。

練習の方法を，部員個々の力量や特徴を理解したうえで，生徒たち自身が話し合い決めていく，教師はポイントを押さえた助言をする，というスタイルが

多いようです。

　部活では，個々のメンバーの力量が仲間全員にあからさまにわかります。部員は互いにそれを理解し合っています。そのうえでチームの成績を上げるため，個人を高めるための鍛え合いがあり，切磋琢磨があります。率直な批判もあるでしょう。生徒は自律的な活動をそこで学び，個人の責任を体得していきます。部活では，成績の追求の過程で，集団の中の協同性が高まるところによさがあります。

　部活では子どもたちは生き生きと活動をします。つらい練習も厭いません。協同的な課題解決追求の集団の典型をそこに見ることができます。部活では生き生きとしている生徒が，教室に入ると急に元気がなくなるという状況は多くの中学校，高校で見られることでしょう。生徒がそのように変わってしまう理由はどこにあるのでしょう。生き生きとした活動ができるということは，そこに生徒の本来の姿があると考えていいと思います。そういった本来の姿を引き出すことのできない教室には，どんな阻害要因があるのでしょう。

　私は授業を行う学習集団のあり方のモデルは部活にあると思っています。部活の友だちは生涯の友として続くことも多いようです。共に育つというねらいを共有し，学びの（練習の）値打ちを理解しながらの活動を通して作られる課題解決志向的な人間関係は，人生に重要な意味を持つと思えます。

(8) 教師の協同

1) 教師の協同による問題解決

　ジョンソン兄弟の著書には，「生徒にとってよいことは教師集団にはもっとよいことである」と書かれており，教師集団の活動が協同的なチーム中心で進められることを推奨しています (Johnson, D. W., Johnson, R. T., & Holubec, E. J. 1990)。合衆国のように，一人ひとりの教師が独立（孤立）している傾向の強い学校文化のもとでは，この言及は大きな意義を持つ気がします。授業前に，当番制でおやつを持ち寄るなどして，短時間でも顔合わせをする機会を持とうというような提案もそこには書かれています。

　日本の教師とは文化が違うと思うのですが，では，日本の現状はこれでいい

のでしょうか。教師集団は子どもの育ちの支援という仕事を持ったプロ集団です。学校に在籍するすべての子どもをより大きく成長させるための活動が求められています。教師集団も明らかに課題解決集団です。教師集団づくりは，教師としての資質を高め，より優れた教育が学校で進められるようにするという明確な目標を持って進められなくてはいけません。それは，居心地がいいだけの仲よし集団ではありません。

　さまざまな課題を持った学校が，課題追求をめざした教師集団のまとまりを得ることで大きく変わったという事例は珍しくありません。個々の努力ではなかなか学校は変わらないのですが。

　学級に荒れた状況が頻発している小学校で，授業改善に協同原理を意欲的に導入することで，児童も教師も含む学校全体の雰囲気が変わり，半年で保護者からの抗議がなくなった事例があります。教師同士でそれぞれの気づきを率直に交わし合い，学年集団で授業づくりの努力をすることで，学校が大きく変わったのです。指導から支援へ，個別から協同へという学習指導観と指導行動の転換は容易ではないでしょう。しかし，やり遂げる勇気を共に持ち合い，貫いた学校はあるのです（山本 2008）。

　県内でも名を轟かせた中学校の荒れた状況が1年で収まった事例もあります。そこでも，校長を軸に，教師集団が一丸となって授業改善と生徒指導にあたったことが課題克服の最大の要因でした。もちろん，教師集団の努力は非常なものでしたが，協同というまとまりの中で力を継続させることができたのです（小島 2003）。

　私が経験した最も範囲の広い教師の協同の事例は，広島県の離島での実践です。地域の高校が軸となって，島の人材を育てるという観点から，島内の1つの高校，2つの中学校，6つの小学校，5つの幼稚園の教師全員が地区の研究協議会のメンバーになり，子どもの学力保障と人権教育を効果的に進めるべく，研究組織を作り，合同の研修会を重ね，共同調査を行い共通課題を設定し，交流を重ねていったという事例です（越智・杉江 2001）。

　なお，1つことわっておきたいことがあります。学校体制による教師の協同がきわめて有意義ではあっても，協同学習の意義を十分に理解した教師の働きかけや提案がいつも同僚に受け入れられるとは限りません。時には一人の実

践者として，自分自身の授業でしか，協同の学びを実現できない場合もあります。小学校ならば，担任が受け持ったその1年間，中学校ならばその教師が受け持つ教科の時間のみで子どもたちは協同の学びを経験します。それでも，学びの本質に沿った実践は子どもにきちんと受け入れられます。その授業は必ず効果が出ます。そういった実践を重ねてきた教師たちも数多くいるはずです（丸山1996；望月2002）。そして，そういった教師も，協同学習の研究会や学会など，学校外の実践者相互のつながりがあれば，それは彼らの実践経験提供の場になり，またアイデアを交換する機会にもなります。

2）研修と教師の協同

多くの学校で授業研究をはじめとする実践研究が進められています。その成果は，一人ひとりの教師に形となって残るものでしょうか。持続的に学校を変えるものとなっているでしょうか。そもそも課題が教師全員で共有化されているでしょうか。

学校単位の研修では，教師集団を課題解決追求の集団として組織化し，確かな成果をあげるという目標をもって研究に取り組む必要があります。もちろん，教師一人ひとりの個性を尊重しないようなことがあってはいけません。

授業公開を伴う校内研修会では，高め合う議論を期待したいものです。役立つ事例については適切に賛意を伝えることは当然ですが，改善点についても率直に発言でき，鍛え合える文化が必要です。教師全員がコの字型に集まって「何か意見はありませんか」というような話し合いではなかなか意見が出ません。とりわけ若手の意見が出にくいですね。議論の仕方に工夫が必要です。率直な話し合いを経験するなかで，次第に課題追求の集団に育っていきます。そういう機会を管理職や研究主任が仕掛ける必要があります。セレモニーのような研修を続けていると，参加している教師自身の教育活動そのものの捉えも甘くなっていきそうな懸念を感じます。

私がかかわっている実践校では，授業公開に先立って，その学校が設定した研究課題と密接に関係する観点をいくつか設定し，授業参観後には，その観点に沿ってグループに分かれて話し合いをするという手法をしばしばとります。これによって一人ひとりの教師の参観の視点が定まり，意見交流での参加量，

発言数は確実に高まります。同時にそこでは観点以外の悩みや課題の交流もなされていきます。

　グループでの意見交流の結果はボードにまとめられたり，模造紙に書き込んだりして報告し合い，質問し合います。まとめたものは会議室に掲示して残すこともあります。こういう設定をすれば，教師の交流は100％課題追究に費やされ，中身の濃い研修ができていきます。

　教師の話し合いのグルーピングは，学校の実態に応じて工夫されています。学年集団でグループを作ったり，教科別集団を作ったり，学年，教科を越えた混成集団を組んだりします。学年の壁，教科の壁を越えるためには混成グループでの交流は効果があるようです。

　また，研修の成果はまとめて記録に残し，共有化して，積み上げを図るべきだと思います。新年度が始まると毎年ゼロにもどるような研修には意味がありません。一つひとつの研修を積み上げて，その学校の教育文化を改革していくという目標を共有することが大事です。

　愛知県犬山市では，学校を越えた教師の協同の機会が設けられています。「犬山市授業研究会」という名称で，月に1回，年10回，午後4時から6時まで，市内14の小・中学校の教師の間で希望者を募り，毎年30名程度の参加があります。非常勤講師の参加もあります。これは市内教師の1割弱の人数です。校長会が主催し，校長は自主的な参加を奨励します。教育委員会は派遣状を出して，個々の教師の参加が容易になるよう支援しています。

　集まった教師は，関心や担当学年，教科などを踏まえて数人のグループに分かれ，グループ課題の設定から実践づくりまで協議をし，交流を重ねます。毎回の話し合いの内容は各校に「ニュース」の形で知らされ，研究会の活動状況がより多くの教師に伝わるようになっています。さらに，この研究会では，必ず研究の成果を発信しようという目標が最初に出されており，年度末には各グループが詳細な研究成果を報告書の形で出し，それは「実践資料」として冊子にされ，犬山市はもちろん，全国に紹介できる形にされるのです（犬山市授業研究会　2008, 2009, 2010, 2011）。

　また，犬山市では「公開授業研究会」も年に2～3回開催されます。これは市内の小学校と中学校の教師の実践を1件ずつDVDに撮り，実践者自身の解

説付きで時間をかけて紹介し，その実践について参加者が交流し合うというものです。毎回80～90人の教師が集まります。さらに，この会の情報は市外にも知らされるため，全国各地からの参加があります。

そこでは，授業を視聴後，6人グループで実践について1時間程度の意見交流をし，さらに，グループを組みなおして新たなグループで，最初のグループの議論を伝え合い，それを踏まえた新しい議論をさらに1時間程度重ねます。ここでは参会者全員に向けたグループごとの報告はありません。複数のグループの豊富な情報を交換し合う機会があるからです。サイズの小さいグループでの密度の濃い話し合いの意義を優先する進め方をとっています。

また，犬山市ではさらに，年に1回，「実践交流会」を開き，市内の小・中学校各1校が輪番で授業公開をし，参観後，市内の教師全員が自分の実践を持ち寄って教科別，学年別のグループで実践についての交流をするという機会も設けています。

幾重にも，教師が共に実践を交流し合い，高め合う機会が設けられていることの意義は大きいと考えられます。地域レベルの教師の協同であり，地域単位での教育文化を創造する試みと言うことができるでしょう。

3）地域と学校の協同

稽古事を含む子どもの通塾率が高まり，地域での子どもの活動が分断されてきています。こういった時代ではなかなか難しいのでしょうが，地域と学校の協同，言い換えれば，地域と学校の信頼関係の構築の中で，地域ぐるみで教育環境づくりに取り組んだ事例を「バズ学習」の実践から少し紹介しましょう。学校と地域を協同で結ぶ可能性の事例です。

1つは姫路市の中学校での実践です。荒れた状況に悩んでいた学校が，新しい校長を軸に，地域の懇談会を頻繁に開催し，率直に実情を打ち明け，次第に地域の信頼を得ていき，最後には，週に1日，土曜日の午後などに，地域の公民館やお寺などを使って「地域バズ」という学習会の仕組みを作り上げていったというものです。次第に運営は地域の方に移っていき，子どもの育ちの支援を地域が支えていくという文化ができ，学校も目に見えて落ち着いていったというものです（永井・杉江 1995）。

また，新潟県の中学校での事例では，地域の仲間のまとまりに問題を感じた生徒会が主導して地域での学習機会を設ける提案をし，教師と地域の協同のもとに姫路と類似の学習環境が作られていきました（舟越・杉江 1996）。このような発想が生徒から出てくる背景には，この中学校では，特別活動も含むすべての学習活動を，協同原理を底に据えたバズ学習で進めるという生徒の経験があったのです。しかし，その活動は数年で衰退します。原因は教員の異動にあったのです。子どもの活動を支える文化が，教師集団に定着していなかったことに原因があったことは心に留めておくべきことと思います。

　最近は，学校評議員制度など，第三者による学校評価ということで，学校が地域の協力を求める機会が増えてきています。「開かれた学校」ということばもしばしば聞かれ，学校公開や，地域から講師を招いたり，個に応じた学習活動のための支援者を依頼したりするなどの実践が多くみられるようになってきました。地域と学校が信頼で結び合うためには頻繁な交流が必要であり，さまざまな交流の機会があることは望ましいと言えます。地域と学校がパートナーシップで結ばれた時に，本当に子どもにとって望ましい育ちの環境を作る基礎ができるのでしょう。

　また，学校は教師というプロの教育集団ですから，学校から多くを発信して，保護者や地域の大人の子ども観，教育観を動かす試みも必要だと考えます。授業参観などでは，保護者には，上手な話ができる先生がいい先生，静かに話を聞いている学級がいい学級というような基準で授業を見るのではなく，子どもがどれだけ学びに参加しているか，そのような参加を促す仕掛けや努力を教師がどれだけしているか，そしてそれが成功しているかどうかという視点で授業を見てほしいものです。そういう視点を保護者に持ってもらうための働きかけをすべきでしょう。学校での学びは，受け身の，形だけの「よい子」ではなく「生きる力を持った子」を育てる機会だ，といった，子どもの育ちにとってよりよい教育のあり方について，保護者や地域の大人と共通理解を図ることが必要です。その場合も，教師と保護者，地域が鍛え合うという協同の考え方が有効なのです。

コラム　信頼に支えられた人間関係について

　「信頼に支えられた人間関係が教育の基盤である」ということは，多くの実践者には素直に理解できることだと思います。協同学習は，「信頼を基盤に据えた教育論」と言い換えることも可能です。ただ「信頼に支えられた人間関係」の意義について，少し踏み込んで考えてみることが必要だと思います。

　信頼に支えられた人間関係が大事だと言っても，競争的教育が蔓延する現実の中では，きれいごととしてしか理解されないということもおおいにあるでしょう。教師自身だけでなく，保護者にも実感をともなって理解されるように，また有効性について根拠を示しながら解説できるように，その意義について確かな根拠を求めていくことが必要でしょう。信頼に支えられた人間関係とは，教育の場面では，自分の成長を相手が喜びとし，そのための援助を相手がかならずしてくれるという確信を持ち合うことです。

　天貝（1995）は，高校生を対象とした調査から「安定した自分に対する信頼および他人に対する信頼が，同一性獲得にあたっても重要である」ことを見いだしています。青年期の自我同一性獲得と信頼関係の関連性の存在についてのこの指摘は，小学校時代からの学習経験も含めて，学校学習の全般にわたって信頼ということばを心に留めておく必要があることを裏づけています。緒方・鈴木（1995）は，教師へのアンケートに基づき，児童生徒の人間関係がうまくいった学級とうまくいかなかった学級に分け，そのような学級条件の違いが学級経営のさまざまな側面にどう影響したかを検討しています。その結果，学習意欲，学習成果，情操・共感，児童生徒の人間関係，問題行動，教師との人間関係など，多くの側面で，信頼関係がより成立していた学級においては，一貫してポジティヴな傾向の結果が見られたのです。ここでも信頼関係の幅広い重要性を認めることができます。

　ただ，日本人の人間関係における「信頼」にはさまざまな問題があることも調査研究から明らかにされています。NHK放送世論調査所（1982）では，日本人とアメリカ人の人間信頼感の比較をしているのですが，それによれば，人間信頼の態度を示す者は日本人では23％であるのに対して，アメリカ人は58％がそのような態度を示したというのです。不信は日本人が43％，アメリカ人は21％でした。このような実態は，ますます，学校における信頼形成という働きかけが重要だということを示しています。学習過程での同時学習の重要な側面です。

　集団主義的といわれる日本人が，アメリカ人より他人を信頼しないのです。こ

の問題を実証的に研究している山岸（1998）は，日本人が信頼と思っていることがらは，実は「安心」に過ぎないのだ，と述べています。そうかもしれません。教師が，教師だからという理由で，初対面の子どもを呼び捨てにするなどという姿もこれに近いのではないかと思います。互いに呼び捨てにできる関係を築くには時間が必要です。それにもかかわらず，すぐに呼び捨てにするというのは，「教師だからよいのだ」という安心関係がそこにありはしないでしょうか。信頼は相互的なものです。教師は間違っても権威と信頼を履き違えてはいけません。教科指導力がある，悩みを受けとめてくれる，人生観に共感が持てるといったさまざまな側面での一貫した信用の積み重ねによって，教師は児童生徒からの信頼を得ることができるのです。そのようにして築いた信頼に基づいて子どもを動かすことができる教師であることが大切でしょう。

4　学び合いを促す51の工夫

> 何を教えるかということはもちろん大切ですが，いかに教えるかということも負けず劣らず大切だと思うのですが，そこのところが少しないがしろにされているのではないか・・・
>
> 谷川俊太郎
> （河合隼雄・谷川　「こころに届く授業」　小学館　2002年）

(1) 導入の工夫

　授業づくりにあたっては，導入でどんな工夫をして子どもに学ぶ気を起こさせるかが教師の最初の関心事です。学習への参加度を高めるにふさわしい導入の工夫を，さまざまストックしている教師も多いことと思います。

　そこで気をつけておかなくてはいけないのは，子どもが引き付けられたその導入の内容が，後の一連の学びとしっかり関連づけられているかどうかということです。その場限りの興味づけではいけません。

　小学校6年生の歴史で，奈良時代の学習。児童の興味を高めるべく，東大寺の大仏の大きさを，校庭に出て，校舎の高さと身の丈を比較したり，地面に手のひらと同じ大きさの図を描いて，何人乗れるかを試し，実感させる試みをする。児童は驚きを表し，積極的に活動するでしょうけれど，これだけの活動で終わってしまったら，それは何に対する驚きであり，何に対する興味なのでしょうか。そういう巨大建造物を造り得た時代そのものへの興味を高めるには，この活動以降に行う教師の話の内容が問われると思います。単なる「楽しい」授業から一歩踏み出すことが必要なのです。

　導入そのものに子どもを興味づけることが目的ではなく，導入ののちの学習への意欲を高めることが大事なのです。そういう視点から，さまざまな事例を自ら工夫し，外からも積極的に借り入れ，真似をし，活用したいものです。

　以下には，もう少し原理的な発想から導入の工夫のポイントをあげていきます。一人ひとりの意欲をかきたてるだけではなく，主体的な学び，協同的な学び合いを促すための効果的な工夫が並びます。

1）明確な課題を示す

　私は，参観を伴う研究授業にうかがう時に，予め送っていただいた指導案を検討するときは，まず本時の課題がどのように表現されているかをチェックします。それが書かれていない指導案に基づいた授業の多くは，教師だけが何をやるかがわかっていて，子どもはそれについてきなさいという形の，教師主導，子どもは受け身の授業になりがちです。教師が発問を多くし，子どもの発言が多くなされても，教師の引いた流れをたどるだけの授業になってしまいます。

　また，本時の課題が書かれていても，その意味がわかったようでわからないものがかなり多いことに気付きます。それでは，学習の主体としての子どもに，何をこれから学ぶのかが伝わりません。同業者である教師同士で伝わる表現で安心してはいけません。

　2年生の国語，「スイミー」の第5場面を扱った授業の導入で，それまでの学習の流れを振り返った後で，「なぜスイミーはぼくが目になろうといったのだろうか」という課題が示された事例があります。教材を検討し，この課題を通して第5場面の読み取りを確実にしていこうとする意図が見られます。こういう課題提示は重要なのですが，子どもに教師の意図が本当に伝わるのでしょうか。

　「なぜ・・・いったのだろうか」という問いには，教師は「その理由を答えよ」という含みを持たせていると思われます。比較的学力の高い子どもは教師の意図を察することができるでしょう。しかしそうでない多くの者は，教師がことば通りの疑問を発したということしか伝わりません。自分が答えなくてはならない問いだと受け止めている者がどれだけいるのでしょう。疑問の形で終わるだけの表現を用いたこの問いでも，何人かの子どもは気を利かして期待通りに答えてくれます。教師は自分の意図が皆に伝わっていると勘違いしてしまいます。子どもたちの多くは，仲間が答えるのを見て，やっと先の教師の課題が自分への発問を含んだものであり，自分が考えなくてはいけないものだったのだと気づくのです。気づかなかったのは子どものせいではありません。「わかってくれるだろう」という，教師の側に甘えのある表現が用いられたからなのです。

　私は，この場合は，「なぜ・・・いったのだろうか。<u>そのわけをかんがえて，</u>

なかまにじぶんのいけんがいえるようになろう」というところまで付け加えるべきだと思います。すなわち，どう取り組んだらいいのか，どんな成果を出したら学習したことになるのかがはっきりわかる表現で課題を作りたいと思うのです。クラスの全員が自ら学習に参加するための，最初の，そしてとても重要な条件です。

「二酸化炭素の実験をしよう」というような課題は，実験をすること，それだけが課題だということになります。実際には実験を通して二酸化炭素の性質を見つけること，そしてそれを理解し，伝えることができることが目標のはずですから，それをしっかり課題の表現に反映させなくてはいけません。

「二酸化炭素の実験を通して，二酸化炭素の性質を3つ以上，仲間に説明できるようになろう」という表現にすれば，クラスのほぼ全員が，自分のなすべきことがはっきりわかり，自分から学習に取り組むことができるようになります。

考え出した課題の表現がよいか不適切かの基準は，授業の終了時に，子どもに学んだ成果を問いかけるときの表現と比べて見ればわかります。授業の終わりには，教師は「・・・ができるようになりましたか？」「・・・が説明できますか？」と問いかけるはずです（「わかりましたか？」という問いかけはあまり意味を持たないことは言うまでもありません。わかったかどうかの基準が示されていないことが多いからです）。とすれば，授業の当初に示される学習課題も「・・・ができるようになる」「・・・が説明できる」というような表現になっていなくてはいけないはずです。

指導案づくりでは，スペースが限られていることもあり，「本時の課題」は端的に表現されていることが多いようです。それをそのまま子どもに示したのでは，教師の意図は伝わりません。教師の期待通りの活動ができる子どもは限られています。課題として示す場合は，**クラスの子ども全員にわかる表現**だということが最優先です。そのためには多少説明的な表現にした方がいいでしょう。時には2，3行にわたることが必要な場合も多いようです。板書などで書かない場合は，教師がていねいな付け加えの説明をしておくという形もあります。

さらに例をあげましょう。「連立方程式」の解法の学習にあたって，黒板に

「連立方程式」と書いただけでは，取り組む内容の名前しかわかりません。「連立方程式を理解する」と書いた場合，理解というのはどういうことなのか，子どもにはわかりません。「連立方程式を解いてみよう」という言い方などはよく使われそうですが，どこまでできればいいのか見当がつきません。次のような表現にしたらどうでしょうか。

　次の連立方程式を解けるようになること，解き方をクラスの仲間にわかるように説明できること。
　　問　$2x + 5y = 22$
　　　　$5x - 6y = 18$

　このようにして課題を示せば，子どもたちには，この時間に何をするのかがはっきりとわかります。

　もちろん，時間の余った子どもには発展課題などを追加として出しておくような，個に応じた配慮など，細かい工夫をここに付け加えていくというオプションはさまざまにあります。

> 工夫1：授業のはじめに本時の学習課題を明示する。その表現は，授業が終わったときに児童生徒に再度問いかけることばと同じがよい。

> 工夫2：学習課題は端的に表現しようとせず，学習者に理解されるようにていねいに記述する。

　さて，51の工夫の最初の二つを示しましたが，これはあくまで基本の考え方であるという点は忘れないようにしてください。教材によっては，謎からはじまり，途中で課題が明らかになることで子どもが活発に動き出すというような授業の組立てがふさわしいものもあるはずです。手の内を明かさないためには本時の課題をはっきり示すわけにはいきません。ただ，そういう場合でも，「今日の課題は『？』」という風に伝えて，子どもたちに「不思議に出会えそうだ」といった学びの構えを作らせることが必要です。どう応用するかは，教師の判

断にまかされます。

　学び合いを導入する授業では，豊かな同時学習も図っているはずです。折々に，同時学習の側面も本時の課題として児童生徒に意識化させることが有効です。例をあげてみましょう。ここでも，子どもにその内容が的確に伝わるという要件を忘れてはいけません。

　学び方の課題例１：友だちにしっかり自分の意見が伝わるように，話す内容をよく考えて，きちんと伝える努力をしよう。

　学び方の課題例２：自分の意見を鍛えるために，仲間の意見をどれだけ取り入れることができるだろうか。仲間の意見を一つひとつきちんと評価しながら聞こう。

　学び方の課題例３：話し合いの前に，個人でじっくり考えて，自分の意見を作っておこう。

> 工夫３：「学び方」「学び合いの仕方」などを本時で伸ばしたいときは，それも学習課題として授業のはじめに示しておく。

　協同的な学びの意義は，仲間全員の成長を目標とするところにあります。共に育ち合う仲間の存在がもたらす意欲づけが，協同的な学びの効果を高めます。したがって，共に学ぶことを促す仕掛けも日常的に必要なのです。共に学び共に育つことが重要な目当てだということを，折に触れて明示することが望ましいのです。
　私は，折に触れて「クラスの課題」を示すことが有効だと考えています。たとえば次のような形のものです。

　クラス課題例１：黒板に示した問題（板書済）をクラスの誰でもが正解できて，解き方を説明できること。

クラス課題例2：この課題についてできるだけ多くのアイデアをクラスで考え出しましょう。この2組ではいくつのアイデアを出せるでしょう。ちなみに1組では8個のアイデアが出ました。

　クラス課題例3：このことがらについて，クラスの全員が，単元開始時に考えた自分の意見より一歩進んだ意見を持つことができるようになろう。

　はじめの例は，算数や数学など，明確な答が出る課題の場合に使えるでしょう。この表現を聞いただけだと，協同的な学びは一律のゴールをめざすものなのか，個に応じた視点はないのかと早合点されるかもしれません。しかし，例に出したような本時の課題は，いうなればクラスの最低目標である場合が多いのです。これをクリアしたのちに，個に応じた目標に向かう学習活動を仕組むことは難しいことではありません。板書やプリントで「チャレンジ問題」を予め示しておくというような工夫があります。
　2つ目のクラス課題は，クラス間の競い合いの意識を利用しています。算数・数学の解法の工夫，国語の読み取りの多様性，社会科での事例解釈の観点などをクラスで出し合うときなどに使えそうです。ただ，この工夫では，クラス間競争，すなわちどちらが勝つかという導き方をするべきではありません。他のクラス（ときには前年度の同じ学年のクラス）の実績を，比較のための情報として，自分たちのクラスがめざし，克服すべき目標として示すのです。
　3つ目のクラス課題は，国語の読解や，社会事象の解釈などの教材で使うことができるでしょう。一人ひとりの考えが，どのように，どれほど深まったかについては，グループ内での意見交換や，学級全体での意見交流を通して検証していくという手続きを入れることが必要となります。そうして，自分と仲間の高まりを実感し合うことで，共に学ぶよさを子どもたちが感じ取ることができるのです。
　こういう課題を示すことで，クラス全員が高まるという協同の意識づけが明確となり，学び合いが促され，多様な交流がなされていきます。そこでは，教えてもらう側のメリットだけではなく，教える側のメリットも大きいのです。

> 工夫4：協同的な学びを促すためには，クラスの仲間全員がどうなればいいのかという「クラスの課題」をはじめに示しておく。

コラム　教えることは学ぶこと

　グループの話し合いでは，学力の高い者は教えてばかりでつまらないのではないかという懸念が持たれることがあります。保護者の中には「うちの子どもは教えてばかりで損している」と不満を言う人もいるかもしれません。しかし，教えることは学ぶことであり，実際，グループ学習では教える立場の者の方が得るものが多いという研究がたくさんあります。

　杉江と梶田の研究（1989）では，個別の学習に際して，「後で友だちに教えてもらうからね」という教示（実際に教えることになるのだなという気持ちを持たせるための条件設定をしてあります）と「後でテストをするからね」という教示を，学力の等しい別々のクラスの子どもに与え，学習成果の比較をしています。その結果，後で仲間に教えなくてはいけないという思いで学んだ条件の者の方が優れた成績をあげることが示されたのです。

　2つの学習条件で学んだ子どもたちの学びの過程を分析すると，「後でテスト」条件の子どもたちは，与えられたテキストを読んでいるだけなのですが，「後で教える」条件の子どもたちは，テキストにたくさんの書き込みをしていたのです。それだけ理解への意気込みが違うのですね。

　グループでの話し合いに向けて，まず個人で考えたり，教師の話を聞いたりするときに，学力の高い子どもは，後でグループの誰かに教えることになるだろうというかなり確かな予感を持っているはずです。それが学習への構えを変えるのです。

　アメリカでは，チュータリングという教育プログラムが実施されたことがあります。生活条件の悪い地域に育つ子どもたちの低学力克服のために，年長の子どもと年少の子どもをペアにし，継続的に年長者が年少者の勉強の面倒を見るというものです。

　アレン（Allen, V. L. 1976）は，そこで行われたいくつかの実証的な研究を紹介し，成果は年少者よりも年長者に高く現れたことを報告しています。教えるという行動をとる事によって学業成績も上がり，自尊心も高まるという成果が得られた研究が多かったのです。

2）課題の値打ちを示す

　子どもたちの学びへの意欲づけ，それも，クラスのできるだけ多くの者たちが一致して取り組もうという意識を共有するためには，取り組む学習課題の値打ちが示されている必要があるでしょう。

　足し算，引き算がきちんとできることは，日常の生活にそのまま役立つということは自明のように思われますが，それを学習する際には，低学年の子どもたちではあっても，その学習の値打ちを彼らなりに理解できるように，噛みくだいて説明しておくことが必要です。言われたままに受け入れるのではなく，「納得して学ぶ」という学びの構えを作るという意義もあります。

　具体的に日常生活と結び付けることのできる教材ばかりではありません。この時間での学習が不十分ならば，単元全体の学習に不都合が生じるのだということも，その時間の課題に取り組む値打ちになり得るでしょう。中学生などでは，あまりうまい値打ちづけとは言えませんが，「入試に必ず出る」ということも取り組みを促す値打ちになり得ます。

　学びの値打ちを一つひとつ説明していくという準備作業は，考えてみると，日々の授業を生きた学びにするために，教師がすべき必須の手続きでもあるように思います。

> 工夫5：学習課題を示す時は，同時にそれを学ぶことで何が得られるか，どう役に立つかなど，その値打ちを子どもがわかるように伝える。

3）学びのスケジュールを示す

　子どもの積極的な学びの構えづくりのために，授業のはじめに，もうひとつ加えるべき事項があります。それは，本時はどんな学習活動をどんな順番で進めるかという流れを概説し，子どもにしっかりと理解させておくことです。

　たとえば，本時の課題を明示し，値打ちを話したのち，次のような手順を黒板に掲示します。

00〜10分：先生の話を聞いて，課題解決のための情報を得る
10〜15分：個人で課題に取り組む
15〜25分：グループで話し合う
25〜35分：グループの考えを全体に発表する
35〜40分：個人の考えをまとめる
40〜45分：本時の振り返り

　これを板書する実践が多いのですが，低学年のクラスでは「授業時計」と称する時計を黒板に貼って，時計の針でスケジュールを示している教師もいます。
　いま教師の話を聞くのは，次の個人思考でしっかり自分の考えが持てるようにするためだ，いま個人で考えているのは，次のグループでの話し合いでしっかり話せるようにするためだ。そういう構えを持って学ぶ子どもは，自力でわかったこと，わからなかったことを仕分けし，わかったことは説明しようという構えを持ち，わからなかったことは聞こうという構えを持つようになります。
　グループでは，一人ひとりがクラス全体に意見を発表できるようになるという目的に向かって話し合いが進みます。最後に学びの振り返りがあることも知らされるのですから，子どもたちはこの授業では自分がどう変わるかが問われているのだということを見通すことができます。
　まずいグループ活用の事例として，子どもたちの学習が行き詰ったような場合に突然話し合いを導入するというものがあります。それは突然の活動ですから，子どもたちはそれまで，話し合いを前提に物事を考えていません。話し合いが進まないのは当然です。
　なお，最初にスケジュールを示すと，授業が硬直化するのではないかという懸念が出されることがあります。このことについては二つの点を考えたいと思います。

授業時計
（犬山市立城東小学校　松本哲廣氏提供）

まず，多くの授業は当初のスケジュールを大きく変えなくてはいけないほどの変更は要しないという点です。若干の調整が必要かもしれませんが，教師の経験で組み立てた手順と時間配分でほとんどの授業は進めることが可能です。したがって，数少ないケースを想定して，当初からスケジュールを示さないというのは合理的ではありません。確かな流れを作らなかったがために，教師の急な思いつきで授業の筋がぐらつく方が心配です。

　もう一つは，変更せざるを得ないときは変えればいいということです。明らかに，当初の授業設計と実際との間に違いがあったのならば，先のスケジュールに縛られる必要はないですね。ただし，その変更を，理由と合わせて子どもたちに知らせる必要があります。

　なお，個人思考の時間，グループでの取り組みなどは，できれば予め設定した時間を守りたいものです。限られた時間の中で考える，話し合うという学習技能を養うことも大事だからです。

工夫6：1時間の学習の順序と学び方を予め知らせることで，子どもたちは自分の活動のイメージを作ることができる。

　ここまでの準備をした教師の導入で，一人ひとりの子どもが自分もやっていけそうだという成功への見通しが立つはずです。しかし，クラスには確実に個人差があります。個人思考で解決に至らない者がいることも確かです。「またわからないことに一人で取り組むのか」という構えを持ちかねない子どももいるに違いありません。

　授業の手順を示す折には，一人ひとりの学習が成功しそうだという見通しが持てるようにする工夫も加えたいものです。

　たとえば学習の手順の解説の折，「個人で課題に取り組む」ステップから「グループで話し合う」ステップに至るところで，次のような説明を加えることは有効だと思われます。

　　10分間個人で取り組みます。自分の力でしっかり取り組みましょう。でも，自分一人の力では解けない人もいるかもしれません。ですから，グル

ープの話し合いでは，グループ全員がわかるように話し合いましょう。できた人はどう説明すればわかってもらえるか工夫しておきましょう。わからなかった人はどこがわからないか，聞けるようにしましょう。

クラスの実情に応じて，この説明の仕方には工夫が求められると思います。しかし，わからない子どもがグループでわかるようになるという見通しが持てていることが重要です。自分の成功への見通しが立つからです。もちろん，そこでは，クラスの仲間全員が育つことが大事という協同の文化をクラスの中に作っていくことが前提です。

このようにして学びの見通しを持たせることは，特別支援が必要な子どもに特に必要だということが最近言われるようになってきました。阿吽の呼吸を大人の側が一方的に求めているようでは，要支援の子どもたちには戸惑いばかりが増してしまうからです。配慮すべき重要なポイントだといえるでしょう。ただ，このことは多かれ少なかれ，その他の子どもについても言えることではないでしょうか。「そのくらいのことはわかるだろう」と大人が思うことが実はよくわかっていないのが子どもたちですから。

> 工夫7：こうすればわかっていけるのだという道筋を加えることで，成功への予感を持たせる。

4）導入に時間をたっぷりかける

授業の導入の大事さはすでに触れたとおりです。ここでの教師の説明は，すべてしっかりと子どもに届くものでなくてはいけません。きちんと聞いておけば，何をするかがはっきりわかり，自分から取り組むことができるという経験を2，3度もすれば，子どもたちは必ず教師の話を聞こうとするようになります。

ことばだけでは子どもの記憶から抜け落ちてしまう内容もあるでしょうから，そういったおそれのあることがらは板書や掲示で残しておくのがいいでしょう。通常，導入には最低5分はかかります。子どもに求める活動が複雑な場

合は，15分くらい，授業の3分の1くらいを費やす必要がある場合もないではありません。教え込むことではなく，子どもの学びを支援することが教師の仕事だというスタンスに迷いがあると，ついつい導入を端折ってしまうことがあります。

ていねいな導入によって子どもたちの自律的な学びを作り出した，名張市立つつじが丘小学校での西岡俊充氏の3年生国語の事例を紹介しましょう。子どもが自分の関心あることがらについて「説明書」を書くという単元で，この時間は，仲間からの情報をもらって自分の説明書をよりよくしていくという内容です。ここにはこれまで紹介した7つの工夫もたくさん入れ込まれています。

授業開始。
教師：今日の課題を読みましょう（黒板に掲示）。
子ども：(一斉に)「よりわかりやすい説明書にするために，友だちから3つ以上の質問をもらい，改善点を見つけよう」
教師：改善点ということばの理解を促す解説を丁寧にする。また，本時の課題の核心は改善点を一人ひとりが見つけることだという点を強調して付け加える。
教師：さらに，相手のこの説明書をよくするために改善点を考え出すのだという形で，共に伸びるという協同的な目標があることを強調する。
教師：本時の進め方の説明に入る。グループになり，すでに書いてある仲間の「下書き」を，時計回りで1つずつ順に読み，質問の形で仲間が書いた説明書をよりわかりやすくするための手助けをするという方法で進めることを伝える。
教師：もっと詳しく知りたい場合は，「どうやってするの？　気をつけることは？　〜するコツはあるの？」の3つの聞き方があるという形で，質問の仕方の例を示す。さらに，「よくわからないこと」があった場合，「その他」のことがあった場合の質問の仕方を例示する（黒板に掲示）。
教師：「相手の子のためにいっぱいがんばってください」と，協同の目標を繰り返す。さらに，相手へのアドバイスはカードに書く形で行うことを解説。さらに，説明書の検討は一人あたり5分という時間制限を伝える。そ

れを3回繰り返すことで，グループ内の全員からアドバイスがもらえることも確認する。

教師：アドバイスを書いたカードは全部を見終わってから，それぞれの相手に渡すこと，またすべてのアドバイスに応える必要はない旨伝える。その後の個別作業の取り組み方，最後の振り返りまで手順を伝える。

子ども：4人グループ隊形に移行。教師の「はじめ」の指示とともに自律的に学習をはじめる。

　ここでは教師が導入に要した時間は7分30秒でした。3年生の子どもは，明確に何をするかの説明がなされるならば，そしてその解説を時に応じて確認できる資料掲示があったならば，この長めの時間の導入をしっかりと聞いています。その後のグループの取り組み，個別の学習では教師の出番はほとんどないくらい，子どもたちが要領よく自分たちで進めていったのです。

　なお，同様の活動を繰り返してきており，学習の手順など，相当程度子どもがすでに心得ている場合は，導入の時間の短縮が可能になります。ただし油断は禁物。共に学び合うためには，クラスの子ども全員が学習内容と流れを予め心得ておく必要があるのですから，ていねいな対応を前提にした方がよい場合が多いようです。

工夫8：導入にかける時間を惜しまない。

5）単元単位で学習の見通しを与える

　子どもたちが，当該時の学びの全体を把握しておくことの意義をこれまで述べてきました。この考えを，1時間の単位ではなく，学習のひとまとまりとしての単元を単位として考えてみることも有意義です。

　授業を組み立てる場合，教師は基本的には単元全体の組み立てを構想しているはずです。この単元構想を学習者と共有したらどうだろうかと考えるのです。単元構想を立てるときには教師の「指導目標」を系統的に並べていき，最後に単元を通しての単元指導目標に子どもを導くという形になっているのが一

般的です。そこで，この単元計画を，「指導目標」ではなく，子どもたちの「学習目標」「学習課題」の形にまで直して，それを単元の第1時に子どもにしっかり説明したらどうかという提案です。

10時間単元ならば，1時間目から10時間目までの学習課題を子どもにはっきりと示します。10時間の学習を通して，最終的にどんな成果を得ることができるのか，それはまた，どんな値打ちがあるのか，さらに，各時間の学習課題はどのように結びついているのか，ということがらをきちんと子どもに伝えてから，新しい単元に入ろうというのです。

導入の工夫はさまざまです。

1単元分の課題をプリントに記ししたものを配り，教科書と照らし合わせながら，その単元の学習内容と学習の流れを説明することで，子どもは単元を通した学習内容を把握できていきます。しかし，より興味を持たせ，意欲をかきたてる工夫も実践の中で試みられてきています。

単元テストの活用：犬山市立犬山中学校で参観した実践では，数学の単元構想を生徒に把握させる方法として単元テストを用いていました。単元開始時に，最初に単元テストを配ってしまいます。教師と生徒とのこんなやり取りが交わされます。

教師：ここに新しい単元でみなが取り組む課題が示されています。テストの最後の問題を見てご覧。できそうかな。
生徒：できん。難しい。
教師：そりゃそうだな。まだ学習していない内容だからね。でもね，教科書の〇〇ページ（単元の最終ページ）を開いてごらん。ほとんど同じ問題があるね。クラスのみんながこの問題ができるようになることが，いまから10時間かけてみんながすることだ。では少し前の△ページを見なさい。テストの1問目と同じような問題があるね。ここが出発だ。・・・（以降，教科書と突き合わせながら学習内容と，各時間の学習課題相互の関係性などを解説していく）。

単元テストによって，教師は生徒に，その単元で取り組む課題の内容とそれらの相互の関連性を具体的にわかりやすく示していくことができます。単元終了時には，数字だけを差し替えた，同じ困難度の問題で構成した，ほぼ同一の形成的テストを実施します。

単元構想を図にして子どもに与える：ひとめで単元全体が理解できるような図を描いて，子どもに与える工夫もあります。春日井市算数サークル研究推進委員会で開発された小学校算数の事例をひとつ示しましょう。

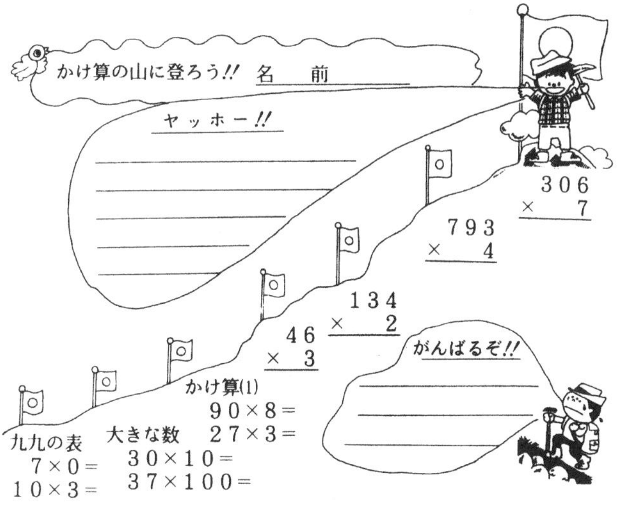
かけ算の山に登ろう!!　名　前
ヤッホー!!
306 × 7
793 × 4
134 × 2
46 × 3
がんばるぞ!!
かけ算(1)
90×8=
27×3=
大きな数
30×10=
37×100=
九九の表
7×0=
10×3=

この図を単元の第1時間目に子どもに配ります。教科書と照らし合わせながら，学習の順序を伝えていきます。実際に，各時間で達成できたところについては，自己評価に基づいて旗の日の丸部分に赤を入れさせます。途中で「がんばるぞ」の吹き出しに気持ちを書かせます。最後の達成の後に「ヤッホー」の吹き出しに達成感を書かせます。

小学校3年生にこのような単元全体の導入を行った実践についての感想をアンケートでとった資料があります。「単元見通しがあるとどう感じるか」について，次のような結果が出ました。数字は％です。回答は「◎：そう思う」

「○:ややそう思う」「△:どちらでもない」「×:そう思わない」の4件法で調べたものです（春日井市算数サークル研究推進委員会・杉江 1989）。

	算数の学力上位9人				算数の学力中位12人				算数の学力下位9人			
	◎	○	△	×	◎	○	△	×	◎	○	△	×
目標があってやる気になる	11	56	11	22	33	67	0	0	65	33	1	0
勉強の順番がわかるのでよい	0	56	22	22	33	67	0	0	0	78	22	0
これからも単元見通しをしながら学習を進めたい	22	56	0	22	33	67	0	0	67	33	0	0

　この結果で興味深いのは、学力上位の子どもより、中位、下位の子どもの方が単元見通しを好意的に受け止めている点です。学力の低い子どもの場合、一般の授業で行われているように、教師が順に一つひとつ内容を示していくと、それらがそれぞれのように結びつくのか、意味のある形に関連づけていくことが難しいと考えられます。めくるめく、お話が目の前を流れていくという感じかもしれません。かれらには手がかりが必要なのです。だから、単元全体の構成が予めわかっていると、それが学習の手がかりとなり、とても役に立つと受け止めるのでしょう。

　一方、学力の高い子どもたちは、教師が一方的に示していく学習内容を自力で関連づけながら学習することが可能なので、特に手がかりの有無が気にならないのでしょう。単元全体を把握させることは、学力の低い者には難しいのではないかと直感的には思ってしまいがちですが、実は彼らにこそ必要な手立てなのです。なお、春日井市のこの調査では、合わせて家庭学習時間が増加するという資料も得ています。今の学習内容の自分の理解が不十分だと、次の学習にどんな不都合が生じるか、学習内容全体の見通しをもっていれば子ども自身で予想できます。それが家庭学習を促す動機になっていた可能性があります。

　見通しのためのガイドブックを作る：単元見通しに関する中学校の実践では、2005年度に小松市立丸の内中学校で用いられていた『学び君』という冊

子の活用もあります（小松市立丸の内中学校 2007）。その冊子には，すべての教科で，主に単元で内容を区切って，そのひとまとまりごとに学習の概要を1ページにまとめてあるのです。単元のはじめにまず『学びくん』を開かせて，

数学科（1年）　　　　　　　　　　　　　　　　　平成18年度

単元名	4章　比例と反比例 2節　反比例	学習予定	11月下旬～12月上旬 （5時間）
教科書のページ	p100～p107		
学習目標	・反比例の関係に関心をもち，その特徴を式や表，グラフなどを用いて調べようとする。【関心・意欲・態度】【見方・考え方】 ・反比例の関係を表やグラフで表すことができる。【表現・処理】 ・反比例や比例定数の意味が分かる。【知識・理解】		

《 学習内容 》（[ ]は新しく学習することや重要語句などです。）

① 反比例する量（p100～103）　[yはxに反比例する，比例定数]
　　□ 反比例する2つの量を見つけ，式で表すことができる。
　　（例）900mの道のりを，毎分xmの速さで走ったら，y分かかった。
　　　　　yをxの式で表しなさい。

　・反比例の式を求めること
　　□ 1組のx，yの値から，yをxの式で表すことができる。
　　（例）yはxに反比例し，$x=-3$のとき，$y=4$です。
　　　　　yをxの式で表しなさい。

② 反比例のグラフ（p104～106）[双曲線]
　　□ $y=\dfrac{a}{x}$のグラフをかくことができる。
　　（例）$y=\dfrac{6}{x}$のグラフをかきなさい。

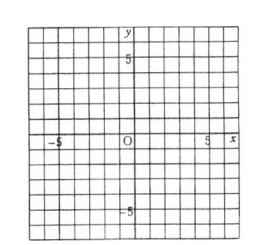

　　□ $y=\dfrac{a}{x}$のグラフの特徴や値の変化が分かる。

《 自学へのアドバイス 》

[基礎の力をつけるには]
・表から式を求めたり，式からグラフをかいたりすることができるように，何度も練習しよう。

[チャレンジしてみよう]
・式やグラフの特徴や表・式・グラフの関連性について，まとめておこう。

『学びくん』（2006年版）の1ページ

単元の概要を説明することで，子どもたちは容易に単元の全体像を見通すことができる仕掛けです。それぞれのページは，学習のポイントや，発展的な課題や，その中身を学ぶ意義など，教師ごとの工夫が仕込んであります。教師集団全員の大変な労力が必要ですが，それに見合う変化を子どもがしてくれるはずです。

単元見通しの手続きは，子どもたちが自分自身の学習のようすを自分自身で理解する手がかりとして役に立っているのです。教育心理学の用語で言えば，自分自身の学習段階を自分でモニターして理解，評価するメタ認知を促すのです。

> 工夫9：新しい単元に入るときには，その単元の学習内容と学習のスケジュールを子どもに明示する。

新しい単元に入るごとに，そこで学ぶ内容がどんな値打ちを持つのかを子どもたちに理解させることで，彼らの学びへの意欲は高まります。同時に，自ら学ぶという学びの構えづくりにも役立ちます。「そんなにステキなことなら」「そんなに値打ちのあることなら」「自分がそんなふうに賢くなれるなら」「明らかに人のためになる力をつけられるなら」勉強しようと考えるでしょう。

教科書にあることを順番に学ぶのだという程度の認識では，子どもが自分から学びに向かって動くことはあまり期待できません。ここに教師の仕掛けが必要になるのです。

それぞれの教科の内容とその意義を，どういう形で解説すると子どもに届くのか，子どもが動き出すのか，さまざまな工夫を期待したいものです。国語ならば，文章を読み取る力が生活にどう結びついていくのか，算数・数学では論理的な思考がいかに重要か，歴史を学ぶことが現代の社会で市民として生きていく上でどのように役立つのか，語学の学習が文化の違いを超えた人間理解にどのようにつながるのか。さまざまな教科，教材が，社会で生きていくこと，社会に貢献すること，幅広く豊かな生活をすることにどのようにつながっていくのか，教師の説得力のある解説は子どもの学びの構えを大きく変えます。

(1) 導入の工夫

ただ，大きく振りかぶって解説をしても，なかなか子どもには届きません。具体例を考えてみましょう。

小学校1年生の国語で，働く自動車について学ぶ単元があります。子どもたちには興味深い内容です。教科書の読み取りをし，図鑑を使って自ら調べ，絵と解説を用紙に書き，クラスの中で発表します。取り組み自体が面白いということで，子どもたちは積極的に学習活動をします。ただ，かれらの学習の最終目標はどこにあるのでしょう。最後のプレゼンテーションでは，仲間の成果を聞き，なるほどと思うのでしょう。上手な発表には感心するのでしょう。制作過程でお互いに助言を与え合ったりするでしょう。ただ，それぞれ，その場限りの活動であって，大きな目標がないような気がします。

私はこういった教材の場合，「働く自動車図鑑をクラスで1冊作りましょう。一人が1ページを担当します。作り上げた図鑑は，みんなに見てもらうために図書館に1年間置いておきます。来年の1年生が入ってきたときに見てもらいましょう。来年の1年生のお手本になるからね」という説明をし，単元を通してクラスとして何をするかというクラスの課題，そして個人がそこでどんな役割を担うのかがわかる個人の課題を示しておくといいと思います。クラスの図鑑をよりよいものにするために，個人ががんばります。仲間のできばえについて，真剣にアドバイスが交わされるようになります。そこは，仲間を高めること，仲間の支援に誠実に応えることという，個人の責任が求められる場面です。できあがったときの達成感も大きく違ってくるでしょう。

小学校4年生の国語教材に「ごんぎつね」があります。この作品の読解の最後には，兵十がごんを撃ってしまったシーンを取り上げ，このときの「ごんの気持ち」「兵十の気持ち」を推し量らせるというような実践が多いようです。

名張市立つつじが丘小学校の2008年度の実践では，単元の最初の時間に，作品を一通り読み終えた後に，最後のシーンを取り上げ，「ごんが撃たれてしまったね。でも10年後にごんと兵十はどうなっているでしょう。10年後のごんと兵十のお話を作りましょう。そしてそのお話を去年この物語を勉強した5年生に聞いてもらって，感想を言ってもらいましょう」という課題が出されました。ごんや兵十の気持ちを各自がことばで表現するという形で読解の結果を確かめるのではなく，「10年後のごんと兵十」という形で読み取りを表そうとし

た試みです。ごんを死なせたくない子どもたちは「軽く足を引きずっているごんと兵十が仲よく暮らした」という話を作るかもしれません。ごんが死んでしまったと感じた子どもたちは「日々ごんの供養をする兵十」の話を作るかもしれません。そして何よりも，自分たちの読み取りを5年生という，話を伝える値打ちのある相手に伝えるという，ときめきのあるゴールがあるのです。

　音楽の合唱などは，最終の合唱を録音して来年の授業のモデルにする，というような設定がいいかもしれません。1年下の者に，お手本を示そうというわけですから，当然子どもたちに意欲は高まるでしょう。表現を工夫するために曲そのものの解釈をするという座学的な学習ステップへの参加度も高まります。

> 工夫10：新しい単元に入るときには，子どもたちに学ぶ値打ちがあると感じさせる単元課題づくりとその解説を用意する。

6) 課題の困難度と課題のサイズに配慮する

　協同学習では，学習を子どもに任せる場面が多くなります。そこでは適度な困難度を模索していく必要があります。

　子ども同士の学び合いでは，容易すぎる課題では話し合う必要がありませんから，話し合いは活性化しません。また，難しすぎる課題では，何を話し合っていいかわからないため，やはり話し合いは停滞します。一部の子どもしか参加できない，一部の子どもが小さな教師をするしかないというようなことが見られたならば，課題を容易にする工夫が必要だということになります。グループメンバーにそれぞれ解決のためのヒントを与えておくとか，なかなか参加できない子どもについては，予め教師の指導で情報を与えておくとかの工夫です。課題の困難度は，参加の平等性を保障できる課題を作るための重要な条件です。

> 工夫11：集団に与える課題は，全員参加が可能になる，適度な困難度にする必要がある。

ただ，私は，課題は，適度な困難度とは言っても，教師がやや難しいかなと感じる程度のものの方がいいと思います。子どもに思い切って難しい課題をぶつけてみたら，意外に子どもが食いついてきて，予想外の結果を出したという経験を持つ教師も多いことでしょう。難しい課題を解くことに成功した子どもは自信を持ち，学習への意欲を高めるでしょう。できなかった子どもも，難しい課題に挑戦した自分に満足する場合が多いと考えられます。挑戦を楽しいと感じるのが子どもの本来の姿なのであり，そういった経験をきちんと振り返って，どうしたらそういう子どもの姿を再現できるのか，を研究する必要があります。

　実際，多くの授業では，子どもに示す課題が容易すぎるのではないかと感じられるのです。別の言い方をするならば，教師が子どもに対して抱く期待の水準が低いように思うのです。確かに，学習の過程で失敗体験を繰り返すと，学習への意欲が削がれます。ただ，このことは，学習結果だけを教師が評価することが大きな原因ではないかと考えられます。一方，簡単な課題ばかりに取り組んでいても，やはり学習への興味は薄れていってしまいます。

　挑戦を含んだ課題を子どもに与えてみましょう。教師も子どもも，取り組みのプロセスに目を向けましょう。そうすることで，子どもたちはいっそうやる気を起こします。協同学習では，仲間からのこまめな支援を得ることができますから，「果たしてできるだろうか？」というような教師の懸念を，互いの支援でしばしば埋めてくれます。集団を通して個の成長が促進されていきます。

　ブルームら（Bloom, B. S., et al. 1971）は，子どもの学力についての教師の認識について次のように触れています。

> 「教師の多くは，教える内容を理解できる子どもが3分の1，一応の習得が可能な子どもが3分の1，落伍したり，習得が不十分なままの子どもが3分の1いると考えているようだ。そういう構えで教育をしていると，そのとおりの結果が出てしまう。それは教師の期待が子どもに伝わっているのだ。こういう思い込みが，教育では非常に有害である。しかし，90％を超えるほとんどの子どもは，教師が伝えたいと考える内容を完全に習得することが可能であり，重要なのはその方法を見つけることだ」

この記述では，教師の期待効果（ピグマリオン効果）について触れられています。教師の期待の水準の適切性は，子どもの成長を促す要因としてとても重要なのです。また，90％を超える子どもが完全習得が可能というくだりは，ブルームの信念の吐露ではありません。彼は実証的な資料をもってこういう論を立てているのです。旧来の，教師主導の枠にはまったままの指導法では，少々の工夫を重ねても90％の子どもの完全習得は不可能です。「重要なのはその方法を見つけること」であり，協同の学びはその重要な手がかりなのです。

> 工夫12：学習課題は挑戦を含む，高めの期待に基づく水準で設定した方がよい。

授業では，グループはさまざまな使われ方をしています。教師の指示をペアで確認するとか，授業中の学習の区切りごとにグループで理解度を確認するというもの，なかなか発言が出ないときにグループで意見を交換し合うなど。ただ，そういったグループの使い方は場あたり的な感じが否めません。グループ本来のよさを引き出していないのです。また，そういった使い方をする場合は，短時間で終わらせることが多いようです。

グループで話し合うよさは，単に情報交換がなされることにはとどまりません。グループの中で驚きがあり，発見があり，深まりがある。そのような，グループという資源が持つはずの力を発揮させるには，これもグループに取り組ませる課題に工夫が必要です。

子どもがしっかり意見交換をし，それを通してより高いレベルの学習段階に自分たち自身で行き着けるような，豊かな機会を持たせたいものです。短時間の交流が効果をあげることもありますから，それを排除するわけではありませんが，できれば，比較的長い時間取り組めるような「サイズの大きい課題」をグループに与えてみてはどうでしょう。解決に至るまで，10分，20分とかかる課題です。当然，そういう課題は1時間の内に1，2個しか出せません。

普通の授業では，教師が解説をして，それを理解した後に子どもたちが自力で課題に取り組むという手順がとられます。サイズの大きい課題にするためには，教師が解説する内容まで子どもに読み取らせるという工夫があります。た

とえば，教科書などの教材の読み取りまで子どもの仕事にしてしまうのです。
　例をあげましょう。算数のテキストは一般的に1ページの前半に新しい学習事項の説明があります。その後に練習問題があります。普通は，新しい学習事項について，教師が子どもと問答を繰り広げながら解説し，その後に個人で練習問題に取り組ませます。それをこう変えてみるのです。

　教師が「今日は教科書の〇ページの内容を勉強する日でしたね（単元見通しを行っておくと，子どもは今日の学習ステップを予め理解しています）。今日の内容は教科書の練習問題の前のところまでしっかり読めばわかります。自分で読み解いて理解しましょう。理解できたらその下にある問題1を解きましょう。ただ，自分ひとりでは理解できない子もいるかもしれないね。だから，皆が大体教科書を読んだあたりでグループになります。そしてグループの仲間が全員きちんと理解でき，解き方の説明ができるように話し合いをしましょう。早くできてしまった子には別の問題も用意してありますから，そちらをやっていてよろしい。でもわからない子にきちんと説明することの方が先だよ」と指示をする。
　子どもは，各自のペースで教科書の当該ページの中身を読み解いていく。早くわかった子どもは問題を解き，それでも時間が余っていれば，教師が用意した発展的な課題に取り組む。理解の遅い子どもは，時には立ちもどって難しい個所を読み直す。
　ほぼ全員が教科書を読み終わったあたりでグループ隊形に移動させ，話し合いを開始する。子どもはグループの中で学び合い，「グループの仲間がきちんと理解でき，説明できるように」というグループに課せられた課題の解決に向かう。
　最後にこの習得を確かめるため，教師が指名するとか，学習内容に即した問題を解いてペアで確認するとかのステップを設ける。

　この手法を用いると，子どもたちは自分のペースで教科書を読み，自分の思考ルートで考えていきます。教師の解説では，そのペースや筋道にどうしても付いていけない者が出るでしょう。個人思考とグループでの学び合いという子

ども主体の学習過程では見事に個に応じた学びと指導が行われます。このような実践では，子どもの課題への集中度が非常に高くなります。子どもたちにこのようにたっぷり時間を与えると，教師は手持無沙汰になりますが，それに耐えなくてはいけません。子どもの学習活動に介入しないということが原則です。子どもの学習状況を観察し，補足的な指導の必要な児童の発見や，本当に個別支援が必要な子どもへの指導を行う機会とします。

グループを導入すると時間が不足するという意見を聞くことがありますが，その多くは，教師が解説して，その上に話し合いの時間を入れ込もうとするために時間が足りなくなるのです。学習の手がかりを子どもに適切に与え，教師の解説を最小限にし，彼らに学習を任せることで，むしろ効率的に授業が進みます。

子どもたちが取り組む教科書の記述が不十分だと感じられた場合は，教師がそれを補う資料を用意しましょう。子どもの個人差に留意し，とくに学習の早い子どもが退屈しないように，追加の課題を用意しておくなどの配慮もほしいですね。

教科書を閉じるところからはじまる授業にしばしば出会います。そういう授業に限って，教師の解説は教科書の筋道にしたがったものに過ぎないことが多いものです。時折子どもを指名することで，子どもに考えさせていると捉えているようですが，十分に解説を受けて，しっかり材料をもらってからはじめて子どもはきちんと考えられるのではないでしょうか。教師の講義の過程での問答は，一部の気の利いた子どもしか参加できません。全員参加の授業にはなりません。教科書を用いることが「教科書を教えること」ではありません。教科書を使わないで「教科書を教える」授業になっていはしないか，振り返ってみる必要が日々の実践の中にはありそうです。

工夫13：子どもたちが1時間の間に取り組む課題は細切れでない方がよい。まとまりを持った，比較的時間を要する形にする。

工夫14：教科書や教師作成の資料を子どもが読み取る時間を課題に含める。

自らテキストを読み取って理解する経験は貴重です。PISA調査では日本の子どもの読解力の弱さが明らかにされています。その理由は，子どもたちの能力にあるのではなく，日常の授業の進め方，学習経験にあるように思います。教えてもらうことが勉強だということを日々同時学習させているような授業は，その頻度をもっと下げるべきでしょう。

　多くの子どもは，いまでも，教師の板書を写すことが勉強だと思っています。板書の内容を覚えればいいのだと思っています。板書に至るまでの教師の説明が途中でわからなくなっても，それほど気にしているようには思えません。教師が板書するまで，大人しく，何も考えずに待っています。最後は教師がまとめてフォローしてくれるのです。据え膳の中から気に入ったものだけ食べているような勉強ぶりです。葛藤も混乱もない学習過程でどのような力が育つのでしょう。授業は自主・自律の学び，個人の責任の大事さの同時学習を図る機会です。そういう授業を進めるための教師の仕掛けは，これまでの日本で主流となってきた授業文化の中にしっかり位置づいているでしょうか。

(2) 展開の工夫

　ここでは1時間の授業をどのような手順で進めていくかについて，さまざまな工夫を紹介しましょう。

1) 授業をどんな手順で進めるか

　協同学習では，必ずしも小集団での話し合いを導入しなくてはいけないわけではありません。一斉形態でも協同学習の原理に基づいて授業を進めることができます。個別の取り組みでも，協同の原理，すなわち仲間全員の成長を互いに願いながら取り組むという形があるのです。

　一斉形態の授業で，教師の大事な話を静粛に聞くことは，仲間の学習を邪魔しないことであり，共に伸びる条件を作り合うことになります。教師への従属を示すために静かにするのではなく，共に学ぶために静かにするのだということを子どもたちに周知させることが必要です。さらに，一斉の授業形態のなかで教師の発問に子どもが答えるという場合，ぜひ，子どもの意見は教師に対し

てではなく，仲間に伝えるという意識づけをしたいものです。教師の発問に対して直ちに手を上げた子どもが指名され，教師に自分の意見の評価を仰ぐというスタイルは避けましょう。子どもはなぜ挙手をするのでしょう。なぜ発言したがるのでしょう。教師に認められたいからでしょうか。他の子どもに比べての優越性を示したいからでしょうか。

　積極的に発言することが，学びの動機からではなく，そのような外の評価にかかわる動機でなされているとすれば，子どもの本物の育ちはありません。外から評価されなくなると学びも止んでしまいます。

　一斉形態での教師の発問は次のようにしたらどうでしょう。

　「それではここまでの説明をもとにすると，・・・・はどう言えるでしょう。わかる人？」ではなく，「それではここまでの説明をもとにして・・・・についてその理由を考え，クラスのみんなに向かって発表してもらいます。まず個人で考えなさい。（しばらく個人思考の時間を与えたのち）ではみんなに発表する意見のできた人？」というようにもっていくのです。こうすれば，子どもはクラスの仲間に説明するための意見を考えようとします。教師は挙手をした数人の子どもの中から一人を指名します。その子が教師に向かって話そうとしたら，仲間に向かって自分の意見を届けるように指導します。

　一人の子どもの発言は，ほかの子どもたち全員に向けられています。みんな，自分に向かっての発言だということがわかります。自分に向かった発言ならば聞こうとします。高め合うという協同の構えがしっかりできていれば，仲間の意見を受け入れたときは賛成の意思表明が自然に出てきます。納得できない場合は反対の意見を出し，切磋琢磨の話し合いが進みます。

　しばしば，子どもたちの「聞く態度が育っていない」という意見を教師から聞くことがあります。本当にそうでしょうか。教師と特定の子どもとのやり取りを脇から聞くという場面で，自分に向けられた発言ではないにもかかわらず，他の子どもたちはあえてそれを聞かなくてはいけないのでしょうか。教室だけで要求される不自然な形です。

　話す力も，教師に向かっていたのでは育ちにくいでしょう。後で教師が言い直してくれるのならば，少々甘えた話し方をしても何とかなりますから。

　仲間に直接向かって話す。互いに高め合う関係の中で，聞く方もそれをしっ

かり聞く。そういう協同的なやり取りの機会をできるだけ多くしたいものです。

> **工夫15：一斉形態の授業中の，教師の発問に対する回答は，仲間に向けた形で発表するように仕向ける。**

　個別学習の場合も協同原理のもとにそれを進めることが必要です。授業はじめに5分ほどかけて行われる，基礎知識の定着をねらいにした漢字ドリル，英単語ドリル，計算力のトレーニングなどは協同学習と相容れないものではないかという考えは間違いです。それらの活動だけ別扱いにして競争させるとしたらそれはいけません。学習指導の原理は，学校の中で一貫性を持っていなくてはいけません。ある場面だけは協同で，その他は競争でなどといった都合のいいことは子どもには通じません。

　私は，基礎学力の不足を教師が感じたら，個別のドリルをさせることはいいことだと思います。ドリルは努力が結果に現れやすいものですから，子どもの学習意欲を開発する機会になるのではないかとさえ思います。

　さて，そういったドリルは，仲間がどのくらいの力を持っているのか，相互に理解しないままで進められていることが多いようです。10問出した場合，「全問正解の人？」「9問正解の人？」・・・，とせいぜい7問あたりで問うのをやめてしまいます。子どもも真剣に応じたりしていません。気の向いた子どもだけが手を上げています。ほとんどセレモニーに近いものですね。

　私は，できれば，クラスの仲間のでき具合をクラスの全員が承知しておいた方がいいと思います。成績の悪い子どもは，自分の力を仲間に知られたくないと思い，できないことを隠します。それではクラスの中に信頼関係はできません。共に伸びるということがしっかりクラスの中に定着していれば，成績の悪い仲間のことは，そうでない子どもにとって心配の対象になるのです。無言ではいても，心でエールを送るようになるのです。そういうクラスでは，いつも3問しかできない仲間があるとき6問できたということがわかると，クラスの仲間が「・・・ちゃん，やったね！」と歓声を上げてくれます。自分ができないことをごまかすことが可能なクラスは優しいクラスではありません。できないことをさらけ出すことが可能であり，それでも仲間が応援してくれるクラス

が優しい協同的なクラスです。

> 工夫16：個別のドリルなども協同原理のもとで進める。仲間の学習状況を全員が共有するようにする。

　教師主導型の授業では，教師の指示にしたがって子どもは動いていきます。いま指示されたことをなぜやらなくてはいけないのかという意味を考えないまま，学びを進めていくことが多いように思います。これでは，学びは「受け身でするもの」ということを同時に学ばせてしまいます。

　子どもは教科の学習については素人ですから，学習内容の枠は教師が決め，学習の仕方は教師がしっかり支援しなくてはいけません。放任でよいわけはないのです。しかし，言われたとおり先生についてくれば，最後にわかるのだというような授業の流し方もまた，感心しません。単元や本時の見通しを与えた後でも，1時間の中で展開する各ステップの意味をわかりながら学習させたいものだと思います。

　授業のはじめによく見られる風景に，テキストの音読があります。まず読ませるというはじまり方です。ただ，声を出して読むことに子どもたちは集中していて，中身の読み取りをしていないことが多いのではないでしょうか。「まず声に出して読んでみましょう」という教師の指示で一通り読んだあとに，教師が「何が書いてあったかな？」と質問することがあります。教師の指示と後の質問との間に食い違いがありますね。先には「読みなさい」と言っただけで，「中身を読み取りなさい」とは言っていないのです。したがって教師のそういった質問に答えられるのは，学力の高い，機転の利く者に限られてしまいます。答を思いつかなかった子どもたちは，答えられなかった原因は教師の配慮のなさにあるにもかかわらず，自分ができなかったという失敗体験と捉えてしまいます。しかし，ここで，教師が予め「何が書いてあるか注意しながら読みなさい」と指示をしたならば，もっと大勢の子どもが教師の質問に答えることができたのではないでしょうか。

　一つひとつの学習ステップを教師が指示するときには，どんなねらいでそれをするのかというきちんとした補足が必要です。そうすれば，子どもは自ら学

(2) 展開の工夫　93

び取る活動を起こすことができるはずです。何をするのか，なぜするのか，何がわかればいいのかといった「課題意識づけ」を，一つひとつのステップでしっかり配慮したいと思います。

> 工夫17：1時間の中の学習の各ステップでも，子どもにしっかりと課題意識を持たせる。

　グループの話し合いへの入り方にも工夫が必要です。グループ・メンバーの子どもたちの間には個人差があります。学力の高低，積極的か消極的かといった性格面の個人差，話し合いの技能の個人差など，さまざまです。そういう子どもが集まったグループで，はじめから「話し合いなさい」と指示したならば，多くの場合，発言は一部の子どもに限られ，せっかく数人集まっているにもかかわらず，全員の力が合わされることなく，発言力のある子ども一人の意見に同調するということに陥ってしまいます。「グループへの埋没」などと言われる現象です。三人寄っても必ずしも文殊の知恵とはいかないのが集団の心理です。

　埋没があるからグループはだめだなどという意見は建設的ではありません。個人が集まれば，知恵の資源が豊かになります。それを生かす工夫をする必要があります。

　その工夫としてよく用いられているのは，グループの話し合いに入る前に個人思考を導入するというものです。与えられた課題について，個別に課題理解をしっかりし，解決のための資料を読み，自分なりの見通しで解決に取り掛かる，といった活動をグループの話し合いの前にさせるのです。

　個人思考の導入によって，メンバー一人ひとりが何らかの話題を持って話し合いに臨むことができます。課題によっては，多様な意見が出るでしょう。そこでは思考の幅を広げ，同時によりよい解にまとめ上げていくという貴重な思考過程も経験できます。わからなかった子どもは，自分は何がわからないかがわかっていますから，焦点を絞って仲間から学ぼうとします。仲間から意見を求められることになりそうだと考える学力の高い子どもは，どう説明しようかという形で個人思考を進めることで，自分に向けた答を出すだけよりも質の高

い学習活動ができるでしょう。

　個人思考をグループの取り組みに先行させることで、グループの話し合いの過程でのメンバー個々の発言量は比較的等しくなっていきます。一方、当初からグループで話し合った場合、個人の発言の量に大きな偏りが生じることが多いのです。

　個人思考の間に、教師は特にすることはないのですから、特別に支援を必要とする子どもに付いて、その子がグループに入ったときにその子なりの発言ができるような情報の仕込みのための指導をすることも可能でしょう。

　なお、個人思考の設定では、さまざまな工夫がなされています。扱う教材が大きいときなどは、前時1時間かけて個人思考を行い、次の時間はしっかりとグループで取り組ませるという、大きな刻みで進める場合もあります。英語の授業で、前時に個別にしっかりと会話文を作り、次の時間にはたっぷり時間をとって会話による交流を図るという実践や、社会科で、前時に個別の調べ学習を行い、レポートを作り、次時にそのレポートの推敲をグループの仲間や学級全体で行うという実践などはその例です。

> 工夫18：グループでの話し合いに先立って、個人で考える時間を適切にとる。

　協同学習はグループを用いずに進めることもありますが、多くの事例では効果的にグループを導入していきます。グループを用いた授業の1時間の一般的な流れは次のようになるでしょう。もちろん課題、教材によってさまざまなバリエーションが可能です。たとえば、1つの課題解決に要する時間が短いようならば、1～5までのステップを2回繰り返すことになります。

①教師による課題の明示
　　本時の課題の値打ちの説明
　　本時の授業の進め方の説明
②課題に個別に取り組む
　　基本的に相談をしてはいけない
　　必要な子どもに限って教師の個別指導

③グループの話し合い
　　教師による明確なグループ課題の提示
　　グループ内の話し合いによる課題解決
④全体交流
　　グループの意見を学級全体に出し合う
　　グループの意見をもとに学級全体で話し合い，個人の思考を練る
⑤教師のまとめ
⑥本時の振り返り

> 工夫19：1時間の授業の流れは，「教師による課題の提示」「個別の取り組み」「グループの話し合い」「全体交流」「教師のまとめ」「振り返り」の6ステップが基本である。

2) 全体交流をどう進めるか

　グループごとの話し合いの成果をクラス全体に出し合い，全員でそれを検討する全体交流はどのように進めていくと効果的なのでしょう。一般的には，各グループの成果を掲示したり，口頭で報告したりさせることが多いようです。
　しかし，この学習ステップには無駄な時間があるように感じられることがしばしばあります。どのグループも同じ答であるにもかかわらず，すべてのグループに発表させる事例などがそれにあたります。
　子どもたちは自分のグループの成果を発表したくてたまりません。発表できないと失望したようすを見せます。意欲を削がないように，どのグループにも公平にという感覚で全グループに発表させることが多いようです。しかし，似たような意見をグループが順に繰り返して発表している間の子どもたちのようすはどうでしょう。色あせた発表が続きます。学習への参加度はしばしば落ちてきます。冗長な流れは緊張を解いてしまいます。発表する側も，発表することが目的で，仲間が聞いているかどうかは二の次になっている場合もあります。
　類似の考えが多く出そうな場合は，教師が予め一部のグループしか発表のための指名をしないということを言っておくといいでしょう。「グループの話し合いのようすは，先生が観察させてもらいます。代表的な意見をいくつか発表

してもらうからね。グループの発表のときは、自分たちのグループと同じ意見かどうか、注意して聞くんだよ」といった説明を予めしておくのです。こういうスタイルをとることは、意見発表は、発表したいという個人的な動機でするのではなく、クラスの仲間に豊かな情報を提供するためにするのだという意識づけにも役立ちます。もちろん、いつも同じグループが発表するということのないように、発表グループの選定には気を使う必要があります。

> 工夫20：全体交流ではいつも全グループの意見を出させる必要はない。代表的な意見を教師が選び出す形もある。

なお、口頭でグループの意見を報告する場合、その内容の整理のために、それを聞く子どもたちが自主的にメモを取るのか、教師が板書するのかというように、対応のさせ方に違いがあるようです。前者は、子どもの主体的な取り組みを要求するものであり、学びの方法の一面を促す働きがあります。後者は、数多くの意見をきちんと整理して示す機能があり、どちらも発表しっぱなし、聞きっぱなしに終わらせない手立てと言えましょう。どちらがいいかという議論がありますが、一方に決めるのではなく、時に応じて使い分けることが必要だと考えます。

さて、全体交流では、それぞれのグループの意見を出し合って終わることも多いようです。たくさんの意見を知ることができてよかったという終わり方です。ただ、意見を並列させるだけでは、一人ひとりの子どもの理解が新しく組み直され、深まり、統合されていくという保証はありません。

小学校1, 2年生くらいでは難しいかもしれませんが、3年生になったあたりからは、折に触れ、仲間から出された意見を「捉え返し、練り上げる」というステップを入れ込むことが必要です。そういった活動を経験することが、学習とはどのようなことなのかを子どもに知らせる上で有効ではないかと考えます。

「たくさん意見が出たけれど、クラスの意見としてはどれが望ましいでしょう？」といった発問で、一つひとつの意見を深く吟味することを求めたり、「主な意見として3つ出ました。これを1つの文章にまとめてみましょう」という発問で、意見の統合を図ったり、「たくさんの意見が出ましたが、これを使って

結局はどういうことだったのか，話し合いを通して結論を考え出しましょう」という発問で，より次元の高い答を求めたりするなどを試みたいと思います。協同は，共に学ぶことから来る意欲の高まりを促しますが，同時に，たくさんの知恵を集め，練り上げることで，さらに高いゴールに着けるというメリットを持っています。

> 工夫21：グループの話し合いの結果を活用して，練り上げるステップを導入し，より高いレベルの学習を促す。

　話す態度，聞く態度を育てるという意図を持って学級内の話し合いを仕組む教師は多いことと思います。そのために，意見の表明の仕方にルールを設けることがあります。賛成，反対，つけたし，などが一目でわかるようなハンドサインを決めるのもこの中に入るでしょう。話し方のモデルを，司会の仕方，質問の仕方，確認の仕方，などに分けて示すという方法をとっている教師もいます。聞く側は，発表者の方をきちんと向いて聞こうというルールを徹底している実践にも出会います。

　子どもたちは，日常の会話は年齢の発達に応じて，それなりにできていっているのですが，教室での学習のような公式的な場での発言には慣れていませんから，そういった意見や立場の表明の仕方を具体的に教えるのは意味があると考えられます。

　しばしば，教室での意見交換は不自然な会話の場にもなっています。一人ひとりの子どもの課題意識が共有化されていないまま意見交換がなされていることがあるかもしれません。効果的な意見交換を可能にするためには，視点を絞った自然で活発な会話を交わすことができる条件づくりを教師が仕組まないといけないように思います。

　また，クラスの子どもたちの全体交流を意図していても，意見を求められた発言者が教師に向かって自分の意見を言うという場面がほとんどのように思いますが，これも考えてみれば教室だけに見られる特殊な意見交流場面です。それは子ども同士の会話ではありません。話す側は，教師を仲介者として仲間に意見を伝えています。言い方が不十分な場合，教師がそれを評価し，言い直し

を求めます。または教師が言い直してくれます。必然的に，発言者の声は教師だけに向かい，不完全で少々甘えた言い方をしても教師が正してくれます。

　聞く側の立場に立ってそういうやりとりの場面を考えてみましょう。発言者以外の子どもたちは，教師と発言者の会話を第三者として聞いているのです。気が向いたときに聞いているだけでもかまいません。聞き落としても後で教師が言い直してくれます。仲間の発言そのものをきちんと聞く必要はそれほどありません。

　こういう場面で学級内の意見交換が行われるならば，子どもの間にきちんとした「話す態度」「聞く態度」はうかがえないでしょう。子どもたちの間に「話す態度」「聞く態度」が育っていないという話を教師から聞くことがあります。しかし，聞かせたい相手に向かって話す，自分に向かって話されていることを聞き取る，というあたりまえの場面づくりを教師がしていないということにも気づくべきだと思います。話す相手がクラスの仲間であるのなら，仲間に正対して話すべきでしょう。そうすれば，話し方はもっと工夫されるはずです。仲間が自分たちに向かって直接話しかけているのならば，話している相手を見ようとするでしょうし，話を聞き取ろうとするはずです。学級全体の話し合いであっても，グループの場合と同様，仲間に向かって話す，自分に向けられた話を聞くという形をとるべきではないでしょうか。

　したがって，意見を出そうと挙手した子どもには，教師は，自分に向かってではなく，仲間に向かって話すように仕向けるべきです。聞いている者は皆，自分に話しかけられているのですから，おのずから聞こうとします。もし聞いていない者がいた場合は，教師がその非を注意しても，それはしっかりと筋の通ったことになります。

　犬山市立南部中学校で参観した前田親利氏の社会科の授業では，全体交流に際して，教師は最初に発言する生徒のみ指名し，その後は男女交互に指名し合うようにというルールを設けて，生徒の間で発言をリレーさせていくという形をとっていました。机はほぼ二重の円形。教師の立ち位置はその円の外でした。生徒の目に付きにくいところに位置を占めます。生徒が次々に挙手し，男女交互に発言をつないでいきます。時折，話に広がりがなくなってきたとき，方向が偏ってきたときに限って教師が短い支援をします。

(2) 展開の工夫　99

> 工夫22：学級全体の話し合いでは，子どもたちが直接意見を交し合うスタイルをとる。

　学級全体の話し合いの進め方としては，他にもさまざまなスタイルが実践の中から創られてきています。

　グループでの話し合いの結果を全体に示すという場合，グループごとにクラス全体に向かって発表するという形もありますが，「お出かけバズ」と呼ぶ工夫もあるのです。グループである程度意見がまとまった段階で，それをさらに高めたり練り上げたりするために，他のグループに出かけて情報収集をするというスタイルの進め方です。

　4人グループならば，2人をグループに残し，これが説明係。他のグループからの訪問者に自分たちの考えを伝えます。そこでは質問などを通して他のグループに属する仲間の意見をもらえます。残りの2人は情報収集係。他のグループをいくつか回って，自分たちにない発想を集めてきます。途中でこの役割を交代して，説明係だった者も情報収集に出かけることも可能です。この工夫では，他のグループの情報を必ずしも網羅的には収集できない可能性がありますが，自ら見つけ出し，持ち帰った情報ですから，活用に向けて生きた情報になる可能性が高いでしょう。

　類似の方法にジグソー法があります。4人グループならば教師が課題を4つ用意します。地理的な教材で，ある町の産業について調べようというような課題に取り組むときに，「農業について」「工業について」「商業について」「その他について」というような課題を設定するのです。グループメンバー一人ひとりが課題を一つずつ担当します。最初に，グループを解体し，同じ課題を担当した者同士が集まります。このグループを専門家グループと呼びます。専門家グループで課題に取り組み，見解を共有化します。その後，元グループにもどり，それぞれが自分の担当した課題についてグループ内で共有化できるように解説し合います。これが基本のパターンですが，専門家グループの内容を元に，元グループで統合的な意見を作り出すなどの課題を設定すれば，一人ひとりがしっかり貢献しながら練り上げの議論を作り上げていくことも可能です。

岐阜県の土岐市立泉中学校などでは，英語の授業で，クラス全体の交流を促す「スクランブル」と呼ぶ授業が進められていました。基礎的な学習の後に，2，3時間を費やして，主に個人思考を通して会話文を作ります。その後スクランブルの時間になります。そこでは，全員が立って，次々に相手を取り替えて会話を進めていきます。その会話のドリル量は相当なものになります。男女の交流も抵抗なく行われます。会話に不参加の生徒はいません。英語が不得意そうな生徒が，一人の相手と会話を終えて次の相手探しにもたついていると，さっと仲間が寄ってきます。会話が始まると，誰が英語が得意で誰が不得意かが見分けられないような積極的な活動が見られます。

ただ，こういった活動がどの中学校でも可能かというと，そうではありません。こういった活動は，仲間が共に伸びることが大事なのだという一貫した協同の構えが学習集団の中にしっかり定着していることが前提です。

> 工夫23：学級全体の交流では，お出かけバズ，ジグソー法，スクランブルなど，子どもの力を組み合わせ，高め合わせる多様な工夫がある。

全体交流が終われば，最後の振り返りを残すだけとなり，学習活動は一段落です。全体交流の終わり方ですが，話し合って終わりでいいのでしょうか。それぞれのグループからの情報交換，それをふまえた練り上げを行えば，それなりに何かしら子どもの中には残るでしょう。しかしこれを授業計画の工夫で，もっと確実にしたいと思います。

最後に，一人ひとりの子どもたちが何を学習したのかを問いたいと思うのです。算数・数学ならば，本当に理解したことを確かめるべく，本時の課題を習得していれば解ける問題に最後に取り組みます。結果を仲間と診断し合い，理解が不十分なところは自分の課題としてはっきりと残します（これは家庭学習につながっていくでしょう）。国語の読み取りならば，もう一度自分のことばでまとめを書かせます。深まりのある記述ができたでしょうか。保健や道徳など，物事に対する構えや態度を問う教材では，自分がどのような考えに至ったか，内面の変化を文章で書かせます。子どもは自分の変化に気づくことができたでしょうか。

子ども一人ひとりが，自分の変化を理解できるような仕掛けをすることで，「変わることが学びなのだ」という実感を持たせることができるでしょう。こういう流れで授業を進めるならば，その終結段階では，「もう終わったの！」というような，当該時の終わりに際して名残を惜しむ声が子どもから発せられるようになります。間違っても，終業の鐘が鳴りそうになると，子どもたちがそそくさと用具を片付けはじめるような，授業は教師の仕事で自分たちはそれに付き合っているんだ，というようなようすが見える終わり方にならないようにしたいものです。

> **工夫 24：授業の最後には，学習内容を個に返す手続きを導入し，学びは自分が変わることであり，我が事だという同時学習を促す。**

　授業の終わり方にもう1つ付け加えたいことがあります。教師による総括的なまとめをするかどうかという点です。子どもたちの自由な発想でさまざまな意見が出された場合，議論が拡散して終わってしまうことがあるでしょう。時には教師が意図しない方向に議論が行ってしまうことがあるかもしれません。また期待していた内容のほんの一部しか議論で取り上げられないこともあります。最後の教師のしっかりしたまとめで，それらを調整し，子どもの理解を方向づけることは有効だと考えられます。

　しかし，一方，いつも最後に教師が正解を伝えるというパターンが定着すると，正解はそこにあるのだからと，子どもたちに任せたはずの議論が生ぬるくなることもあります。学びの責任を子どもたちが取ろうとしなくなり，その責任を教師に求めるようになるのです。

　望ましい授業は，子ども中心で授業を進めていっても，教師が望む水準に近いところまで到達できるような，さまざまな仕掛けを教師が予め施しておくというものです。社会科などでは，教師が吟味して与える資料やワークシートによって子どもたちの考えが方向づけられます。適切な資料を用意すれば，子どもたちがどう動いていくかは相当程度予測できます。期待に近い活動を彼らがしたならば，教師はあえてまとめをする必要はなくなります。

　なお，全体での議論の過程で，話が逸れていった折には，教師が議論を元に

もどすためのちょっとした指示をすべきでしょう。コントロールを目立たない形で行い，子どもたちには自分たち自身で学び取ったという実感を持たせたいと思います。

最後に行う教師のまとめは，授業を引き締める印象を与えますが，子どもの主体的な学びの態度にどんな影響を及ぼすかまで考えると，あたりまえのこととしてではなく，必要に応じてのものだということができるでしょう。

> 工夫25：授業の終わりに教師が総括的な解説をしなくて済む授業づくりという視点が必要である。

3）学びの跡の残せるワークシートの活用

授業の補助教材としてのワークシートの活用については，さまざまな評価があるようです。ここでは，ワークシート一般の功罪ということではなく，ワークシート作成の意図から，その良し悪しを考えたいと思います。

私が不要だと思うのは，教師の講義にしたがって空欄を埋めていくようなノート代わりのワークシートです。学習内容を書き込むという行動には能動性が含まれているので，プログラム学習の原理の一つにある「積極的反応」として有意義に働くことが考えられますが，授業の流れは教師主導となり，結局は受け身学習を助長するものですし，事項の暗記が勉強だということを同時学習させるようなことになりかねません。教師の話したことがらが学習内容のすべてではありません。子どもにはもっと高度な学びを要求すべきです。

学習指導要領に総合的な学習の時間が導入された際，ポートフォリオ評価という手法が紹介されました。学びの跡をしっかりとファイルに残し，子ども自身が自分の学びを自己評価する手がかりとするものです。子どもたちは，そこに確実に成長した自分の姿を見出すことができるのです。また，学びの過程を追うことができるのも，このポートフォリオのよいところです。どこで躓いたか，どこが飛躍の機会だったかも自己診断できるのです。

このファイルは教師にとっても指導に役立つものになるはずです。一人ひとりの子どもの学習過程を跡づけ，個に応じた対応をするための情報を得ることができます。

私は総合的な学習の時間だけでなく，各教科についても「教科のポートフォリオ」を作ったらいいと考えています。難しい仕掛けは要りません。日々のワークシートとか小テスト，作品などを時系列的にファイルしていくだけのものです。そして，ワークシートに，この成長の跡づけができるような工夫を加えておくのです。そのようなワークシートに必要な事項としては，どのようなことがあるでしょうか。

①単元開始時には，単元の学習計画と学習内容に関する教師の解説（その単元の魅力や値打ちなども含む）をメモする欄。単元の学習計画は教師が書いておいてもいいかもしれません。
②本時の学習課題の記入欄。
③課題についての個人思考の結果のメモの記入欄。
④グループでの話し合いで得た情報のメモの記入欄。誰から得た情報かを書くのもよい。
⑤グループで答を１つ導けという課題の場合は，グループの結論とその理由を書く欄。
⑥クラス全体の交流で得た情報のメモ欄。
⑦クラスの結論とその理由を書く欄。
⑧個人思考，グループ思考，全体交流をふまえた個人の結論を書く欄。

　課題によってさまざまなバリエーションがあるはずです。上の事例を原理的にまとめれば次のようになるでしょう。

①何に取り組むことになったのか（課題）。
②自分は最初にどう考えたか。
③グループの話し合いではどんな意見が出たか。それは自分にどのように役立ったか。
④クラス全体で意見を出した結果，自分に役立つどのような情報を得たか。
⑤それらをふまえて自分はどのように考えるに至ったか。または，学習前と比べて何がわかるようになったか。

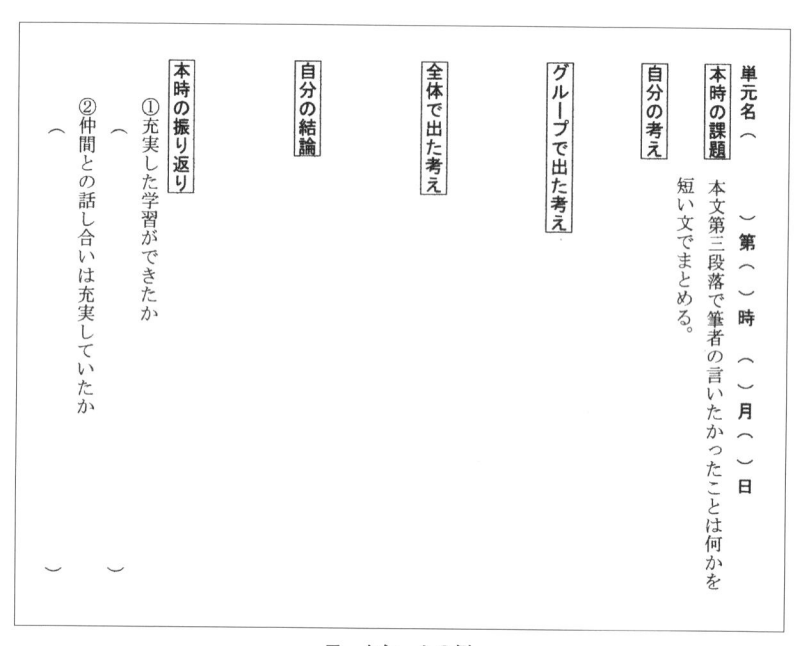

```
┌─────────────────────────────────────────────────┐
│                                    単元名（  ）  │
│                                    本時の課題    │
│                                    第（ ）時    │
│         本時の振り返り  自分の結論  全体で出た考え  グループで出た考え  自分の考え    （ ）月（ ）日 │
│         ①充実した学習ができたか                    本文第三段落で筆者の言いたかったことは何かを │
│         ②仲間との話し合いは充実していたか          短い文でまとめる。 │
│         （                                      │
│                                                 │
│         ）                                      │
│         （                                      │
│         ）                                      │
└─────────────────────────────────────────────────┘
```

ワークシートの例

　ワークシートをまとめたファイルは，単元の最後に単元を通した振り返りの時間を設定して，そこで利用します。さらに，期末試験の終わった後の学期末に，すべての教科について子ども自身による振り返りをさせ，学習の足りないところなどを明らかにし，学び直す機会を設定することも有効です。その際，共に学び合う機会を作ったり，子どもが望んだ場合は教師が少人数を相手にした復習講座を持ったりして，補充学習をすることも有効でしょう。

> 工夫26：1時間の自分の学びの過程と，仲間の自分に対する貢献がわかるスタイルのワークシートを導入する。

> 工夫27：ワークシートを教科ごとにファイルし，学びのポートフォリオとして活用する。

(3) グループ活用の工夫

1) 明確なグループ課題を与える

　グループ学習がすなわち協同学習ではないのですが，協同学習を進める場合にはグループによる話し合いをしばしば用います。仲間の力を集め，豊かな同時学習を進めるには有効な手法です。

　このグループによる話し合いも，うまく進まないことがあります。多くの教師は，子どもたちのコミュニケーション能力の不足を理由としてあげるようです。確かに，最近の子どもたちは人間関係を維持する力をつける機会が少ないかもしれません。しかし，日常の姿を見てください。肝心のことがらについては，ちゃんと意思疎通がなされているではありませんか。教室の中の話し合いという場面に限って話がうまく進まないという理解の方が正解のような気がします。子どもたちは，授業の中でうまく話し合いができないのであって，話し合うための力は持っているのではないでしょうか。その力を引き出す工夫が教師に足りないのかもしれません。

　たとえば，ある課題を与えて，「話し合いなさい」と指示をしても，子どもたちは何を話し合えばいいのでしょう。教師は，一定の話し合いの時間の後にグループでの話し合いの内容をクラス全体に発表させようと考えていることが多いでしょう。しかし「話し合いなさい」という指示だけでは，多くの子どもは何をすればいいのかわかりません。一部の気の利いた子どもだけが「後で先生がグループとしての意見を尋ねるに違いない。だからそれなりの答を用意しておこう」と考えます。その子どもは自分の意見をみなの前に出し，これでいいよねと確認をし，教師の求めに応じて，グループの意見という形で自分の意見を発表します。

　これではグループで話し合うよさは発揮されません。一部の子どもだけが考え，他の子どもはそれに同調するだけで考えようとはしなくなります。安易で密度の薄い授業になってしまいます。ただ乗りを許す話し合いでは個人の責任は育ちません。

　グループの話し合いを充実させ，全員参加で考えを交換し，練り上げさせたいならば，最初に考慮すべき条件は「グループにどのような課題を指示するか」

です。本時の学習課題を明確に示すべきだという，先に示した工夫と同様，グループに対しても明確なグループ課題を示さなくては，グループメンバー全員が同じ方向を向いて話し合うことができません。

　話し合いをはじめさせるに際しては「・・・についてグループで話し合いなさい」「・・・についてグループで考えなさい」というスタイルの指示が多いように思います。このような指示では，子どもは何をすればいいのか，メンバー相互で共通理解をすることができません。何をめざして「話し合う」のか，話し合いのゴールが示されていないのです。「考えた」結果どうするのか，これもゴールが見えません。メンバー一人ひとりが違ったゴールをイメージしているかもしれません。あいまいな指示のもとでは，話し合いは拡散し，次第に無駄話も出るようになります。話し合いに参加しない者も出るでしょう。

　グループへの話し合いの指示に際しては，何をめざして話し合うのかが，グループメンバー全員に理解できる形で示しましょう。グループ課題という形でその指示を伝えるといいのです。

　たとえば，数学の問題を1問，グループで取り組ませようとしたとしましょう。その問題の解き方をクラス全員が説明できるようにしたいと教師が考えたならば，「この問題をグループで考えて，グループの中の誰が指名されてもみなの前で説明できるようにしなさい」という表現でグループ課題を与えたらどうでしょう。子どもたちは，後でグループの中の誰かが教師に指名されたときに説明できなかったら，グループとしての課題をやり遂げたことになりません。したがって，個人思考の後にグループの話し合いに入ると，まず，その問題の解き方を説明できそうかどうか仲間に聞くでしょう。

「君は説明できる？」
「たぶん大丈夫」
「君はできる？」
「自信がないよ」
「じゃあできるところまででいいから説明してみてよ」
「では・・・・。ここまではわかるけど・・・」
「そこからはこういう風に説明するといいよ。なぜなら・・・」

こういった話し合いが展開していきます。

また，後でグループとしての意見を発表させて，クラス全体でグループごとの多様な意見の交流を図りたい場合には，「グループで話し合ってグループとしての代表的な意見を1つ決めて発表してもらいます。発表意見を1つ考え出してください」と指示すれば，子どもたちは各自の意見を出し合い，どれが最適か，またはどれとどれを組み合わせるとよりよい意見になるかという方向で話し合いをします。

教師が本当にグループにさせたいことを課題として明確に伝えることが，グループの話し合いを効果的にする最重要の条件ではないかと思います。

なお，子どもたちは教師の指示をきちんと聞き分けているのでしょうか。必ず聞いています。細かいところまで聞き分けています。教師のきちんとした指示を，「グループで話し合うんだって」という程度に聞くのではなく，「みんなが説明できるようにするんだ」とか「答は1つに絞るんだ」というところまできちんと聞くのです。発達の途上にある子どもたちは，自分がいろいろなことを知らない，という自覚を持っていますから，大人のことばにはいつも聞き耳を立てているのです。しかし，教師の指示がいつもあいまいであったり，追加の指示を繰り返すようなことをしたりしていると，きちんと聞かなくなるのです。

> 工夫28：グループでの話し合いの折には，そのゴールが明確に示されたグループ課題を与えることが必要である。

2) 集団内異質を基本としたグループ編成

次にグループ編成の原理をあげていきましょう。

グループでの話し合いの実施に際して，教師が最初にすべき仕事はグループ編成ですから，これをどうするかについての関心は高いはずです。グループ編成は教師の仕事だということを，まず強調しておきましょう。子どもの主体性を期待して，かれらにグループを作らせるという発想は正しくありません。なぜなら，子どもはどういうグループがよいグループなのかを知らないからで

す。適当に思いつきで作るだけのことです。好きなもの同士という編成基準が多くなると思います。この手法は多くの実践で失敗しています。子どもに任せようとするのならば，かれらが妥当なグループ編成をすることができるだけの経験を十分に積ませてから試みるべきです。

　すべての教材に対してベストで唯一の編成方法はありません。授業の流れの中で，柔軟にグループのサイズを変えたり，メンバーを入れ替えたりといった組み替えをしなくてはならないことはよくあります。この判断も教師の仕事です。

　ただ，どのようにグループ編成することが，子どもの学び合いに効果的なのかという条件がいくつかあるのですが，それは効果的な話し合いの促進の最重要の条件ではありません。工夫27の「グループ課題の明確化」への配慮がなされていれば，急造グループの場合でも話し合いは結構うまくいくことを，予め知っておきましょう。

　学級生活と授業との一貫性という配慮から，6〜8人の生活グループをそのまま授業に用いている実践もあるようです。しかし，そのために授業中の話し合いの形が制限されてしまうことがあります。生活班に合った授業という発想では授業はうまく進みません。生活班は生活班として活動させ，授業でそれを用いることがあってもいいけれど，授業に際しては授業内容に合った柔軟なグループ編成をするべきです。「グループ課題の明確化」によって「いつものグループ」でなくとも，子どもたちの話し合いは十分進むのです。

　体育の授業などでは，開始当初は能力別のグループ編成をして，技能に応じた練習をし，その後，異質グループに編成し直すというスタイルがとられる場合があります。前者のグループでは切磋琢磨の集団過程を期待し，個に応じた技の習得をめざします。後者のグループでは，学び合いを通して，グループ全体の技能の上昇と，豊かな同時学習を期待します。算数，数学の授業などでは，単元の終結段階で，習熟の程度に応じたドリルを行い，同じ問題に取り組む者同士のグループで学び合うスタイルを導入することが効果的な場合もあるかもしれません。

　英語の会話などではペアワークがよく用いられますが，そこでは相手を次々に変えていくことが多いようです。まず隣同士で会話をし，それが終わると一

人ずつ机をずらして相手を替えていく、回転寿司方式とでも呼びたくなるようなローテーションでスムーズに会話のドリルをしている実践にもしばしば出会います。会話の内容を個別に準備し、それをよりよいものにする際には4人グループで検討し合うという進め方も見られます。総合的な学習の時間では関心領域の似た者同士をひとまとまりにすることもあるでしょう。

工夫29：グループ編成は教材や課題に応じて柔軟に編成替えをする。

　授業などの課題解決場面では、どのようなグループ編成が望ましいのかについての原理を追究した研究が数多くあります。それらをふまえて一般的な編成原理を次にあげていきましょう。

　グループメンバーの資質についてです。これまでの実証研究では、グループの中の異質性が高い方が効果的だという結果が示されてきています。学力面、性格面、その他の特性でも、異質な者が集まった方が多様な考えが出、活発な交流が可能となるのです。

　能力が似た者同士を組み合わせるとどうでしょう。低い者同士のグループでは意見がなかなか出ませんし、学習意欲の低い者が集まっている可能性が高いので、課題追究への動きが少なくなりがちです。高い者同士ならば充実した高度な話し合いが可能かと言いますと、彼らはしばしば主導権を争い、協同すべき場面で競い合いをはじめてしまいます。話し合いはあまりなされず、各自で作り上げた答を確認するだけになってしまいます。グループの力学は、メンバーの力の単なる足し算ではなく、かれらの関係性に左右されるのです。

　異質な仲間と交わす相互作用は、多様な人間関係を経験する場となります。課題解決の過程で、豊かな同時学習をもたらす可能性が増すのです。

　男女の組み合わせはどうでしょうか。小学校も高学年になると男女の反発期などという言い方で彼らの関係を説明することがあります。思春期に向かって、それまでとは違った関係ができていくことは間違いがありません。休み時間や放課後、男女が入り混じって遊ぶ風景は確実に減っていきます。

　こういう姿から、小学校高学年あたりから、とりわけ中学校以降では、グループは男女別にした方がいいのではないか、子どもたちも話し易いのではない

かと考える教師がいます。しかし，思春期という発達段階では，男女の互いの理解を促す機会を設定することが求められます。見掛けの離反状態を追認するだけではいけません。

　実際，協同学習を実践する多くの学校や学級では，男女を半数ずつ入れたグループ編成をする事例がほとんどです。ここで，集団には2種類あることを思い出してください。人間関係志向の集団と課題解決志向の集団です。授業は課題解決場面です。そこで大事なのはグループの課題解決志向の側面です。確かに，一緒に遊ぶという人間関係志向の側面では男女はなかなか交わりませんが，課題解決場面ではようすは明らかに違ってきます。中学校3年生でも，話し合いや課題の共同解決に際して，熱中してくると，頭を合わせんばかりに身を乗り出して活動します。それは，男女共に互いの人間性という共通基盤を確認する機会にもなると考えられます。

> 工夫30：グループ編成は，性別も含めた子どもたちのさまざまな特性が異質であることが効果的である。

　また，グループの中の人間関係への配慮をどうするかということも，教師にとって気になるところです。本によってはソシオメトリックテストなどを用いて，仲のよい者同士でグループを編成した方が効果的である，と書いてあることもあります。確かに，複数の小学校から中学校に進学したばかりとか，高校入学時で，知らない者がいっぱいいるというときには，知り合いを核にグループ編成をすることに意味があると思います。しかし，それは，課題解決の場である授業に，人間関係志向のグループを導入するという矛盾を抱えていることに気づいていなくてはいけません。

　仲のよい者同士のグループが効果的だということは，実証的にも報告されています。知らない者同士のグループより成績がよいという結果がいくつか見られるのです。なぜそういう結果が出るのでしょう。それは互いに気心が知れており，相手にどんな要求したら受け入れられるか，どんな質問をしたら大丈夫かといったことがわかっているので，話し合いがスムーズに行くのです。しかし，これが繰り返されていくとそうは行きません。親友のような，限られた仲

よしと，仲のよいクラスメートとは違いがあります。親友は心を割って話し合えますが，通常の仲よしはその関係の維持にずいぶん気を遣います。関係が壊れることを恐れて，相手に厳しいことは言いません。率直な話し合いは意外に行われないのです。

馴染みのない者同士を組み合わせたグループは，当初は互いの理解が不十分なため，話し合いがギクシャクします。しかし，取り組みの経験を増すと共に，次第に課題解決のためのグループとして発達していきます。一方，仲よしグループは仲よしであることを優先し，当初はうまく行っているように見えても，それは優れたグループへと発達していきません。課題解決の経験を繰り返すことで，馴染みのない者同士のグループの方が優れていくという研究結果も出されています（Shaw, M. E. & Shaw, L. M. 1962）

グループメンバーが互いに仲よしかどうかという条件は，編成にあたって主要な条件ではありません。ただ，クラスの実態はさまざまですから，いつも角つき合わせているような関係や強い固定的結びつきなどに配慮する必要性があることは当然です。

> 工夫31：グループ編成では，仲よし関係への配慮は不要である。

グループの人数を何人にするかも重要な関心事です。

この数を決めるいくつかの要因があります。

まず，グループの人数が多いほど望ましいと言える側面があります。それは，グループで取り組む際の「資源」が多くなるからです。一人より二人，二人より三人と知恵が増していきます。

一方，人数が増えるほど，課題解決に対する一人ひとりのグループへの貢献の割合が減っていきます。単純計算で，一人ならば100％，二人ならば50％，20人ならば5％になります。学習活動への参加度，貢献度から言えば人数が少ない方がいいことになります。また，数が増えると，近い距離での相互作用が難しくなります。メンバーの間の距離も離れてしまいます。

多い方がよい，少ない方がよいという2つの要因の交わる最適のポイントはどこでしょうか。実証研究では6〜8人ということになっています。これが効

果的なグループサイズだというのです。

　生活班などはこの範囲のサイズで編成されていることが多いようですが，それは合理性を持っていることになります。しかし，授業ではどうでしょうか。もう少し，そこでは経験的な配慮が必要なように思われます。教室の広さという制限があります。メンバーの間に机をはさむことで一定の対人距離ができてしまうという制限があります。小学校ならば45分，中学・高校ならば50分という時間の中で中身の濃い話し合いをするという制限があります。

　こういう条件を考えると，授業では4～6人集団が望ましいようです。小学校では4人グループが採用されることが多かったのですが，最近は中学校でも4人グループを採用する実践が多数を占めています。

　なお，グループサイズは子どものコミュニケーション能力も考慮する必要があります。大勢の話の内容を調整し，まとめる作業は，小学校低学年などには難しいように思われます。そこで，小学校の1, 2年生はペアで一貫させるという実践も多く見られます。ただ，教師の仕掛け次第では，1年生でも4人グループでしっかりした話し合いをさせることが可能です。子どものコミュニケーションの力をあまり低く見積もらないことが大事です。

> 工夫32：効果的なグループサイズは一般的に4～6人である。

3）互いの距離に配慮した座席配置

　机を寄せ合い，学び合う場面を作る際には，子どもたちに効率のよい移動をさせる必要があります。一斉形態からグループの隊形に移行するのに要する時間は，普通1分以内で十分可能です。慣れれば10秒もかからない事例の方が多いように思います。授業内容に合ったさまざまな形を1時間の中でも活用したらどうでしょう。

　よく見られる移動の形は，導入時には全員が前を向いたもっとも普通の座り方。個人思考も同様の形。その後のグループの話し合いの折にグループ隊形に移動。話し合いが終わり，全体交流に入ると，教壇側を空けたコの字型で，子ども同士の顔が見える形，というものがあります。

　実験室で理科の実験の手順の示範を教師が行う場合は，全員を前の大きな机

に集めて，肩を寄せ合った凝集度の高い中で行い，その後グループ単位で散らばらせるという進め方もあるでしょう。

　机を必要とする作業がないような意見交換の場合は，机を除いて腰掛だけ持ち寄り，顔をつき合わせて話し合う形も有効かもしれません。

> 工夫33：学習形態は，1時間の授業の中でも，学習内容に即した最適の形に変化させる。

　生徒があまり落ち付いていない中学校を訪問したときの記憶です。6列に並んだ形の一斉指導から授業がはじまったのですが，その列が，後ろに行くほどすそ広がりになっていたのです。明らかに服装の乱れた生徒が後ろに座り，皆から離れて机を置いています。学級に学習集団としての一体感が感じられません。次の時間に教科を変えて同じクラスに入りました。ベテランの教師が担当でした。彼が机間を巡りながら講義をしていく過程で，気がつけば10分もしないうちにそのクラスの生徒の列がまっすぐに整えられていたのです。学習環境づくりへの感受性のすぐれた教師だったのだと感心しました。

　また，学級が荒れて落ち着かない状態が頻繁に起きるという小学校4年生の授業を参観したことがあります。一歩教室に入ると大きな違和感がありました。まだ身体の小さい子どもたちが20数人，教室の窓側から廊下側まで，列は整っているのですが，できる限り離れて座っているのです。机と机の間は1mもあるのではないかという印象でした。離しておかないと無駄話がはじまって手が付けられなくなることへの警戒からだと思います。しかし，そこで教師主導の授業をはじめると，話が理解できず学びに躓いた子どもたちが明らかにじりじりしはじめます。不満がたまっていくのが手に取るように感じられるのです。私が参観に来たということで，教師がグループでの話し合いを指示しました。すると，6つのグループの内，2つのグループで，仲間から非難されたのか，泣く子が出たのです。クラスの仲間は切り離され，学習集団としての体をなしていなかったという印象でした。

　犬山市の少人数授業の取り組みが試行的にはじまった折のことです。小学校ではそういうことはなかったのですが，中学校で，クラスの半数が抜けた教室

に，生徒がばらばら，気ままに席を選んで座っている光景に出会いました。そこでも学習集団としての一体感は感じられず，子どもたちの間に学習への集中度が高まるようすを観察することはできませんでした。

　座席を教師が指示することは，学習環境づくりとして重要な観点だと思います。まずは学級全体の座席で，**学習集団としての一体感が持てる配置を考える**べきでしょう。気ままに座ってよいという考えは，子ども中心ではなく，放任の考えです。

　このことはグループの学習でも同様です。4人グループならば，きちんと4つの机を付け合うよう指導すべきです。自分ひとりだけ机を離して，気の向いたときだけ意見を言うなどということを許していたのでは，個人の責任は育ちません。形はあくまで形に過ぎませんが，共に育つという協同の目標追究を一貫させるための出発点としては重要なことではないでしょうか。

　なお，話し合いを効果的に行うためには，メンバー間の距離も重要な条件です。子どもたちが話し合いに熱中したときの彼らの距離を観察してみましょう。身を乗り出して頭を寄せ合い，近い距離で話そうとしはじめます。少し離れた座席の子どもが，自分の机を離れてより近い位置に移動したりします。

　5，6人グループで，そのうち真ん中に位置する子どもが休んだ折に，そこを空けたままにしておくと話し合いが非常にしにくくなります。その際にはもっと話し易いように移動していいのだということを教師が伝える必要があります。

　また，話し合いの過程をメンバー各自がメモしなくてはいけない場合は，一人に1つずつ机が要りますが，話し合うだけならば4人グループで4つの机，6人グループで6つの机という形に固執する必要はありません。腰掛だけ持って集まってもいいでしょう。机2つに4人，6人と集まってもいいでしょう。

　体育のように，机のないところで話し合いをさせる場合には，教師が適切な長さのロープを縛って円を作り，それをグループの数だけ用意してグランドや体育館においておき，話し合いの折にはそれを広げて，その中に全員入って話し合うようにさせれば，近い距離で交流が可能になります。

(3) グループ活用の工夫　115

工夫34：グループの机の合わせ方，教室内での机の並べ方では，学習集団としての一体感の持てる形を作る。

工夫35：グループになって集まるときには，近い距離で話し合いができるような座席配置を作る。

グループの机配置

ペアの場合の一般的な配置

4人グループの一般的な配置

6人グループの配置　その1

6人グループの配置　その2

4　学び合いを促す51の工夫

一人欠席して席の空きができました
→移動を指示して一体感のある形に

距離を近づける配置の工夫

話し合いだけならば机ひとつを
はさんでより近い距離で

会話練習などでは横を向き合って
話し合う形も

前の二人が振り向けば机二つで4人
グループ

6人グループもこういう形を作れば
距離が近づく

(3) グループ活用の工夫　117

一人に一つ机が必要でもこうすれば
6人グループでの距離が近くなる

4つの机を矢車型に組み合わせると
4人の距離が等しくなる

子どもの移動を許す

移動して学び合う姿1
よくわからない仲間をみんなで支援

移動して学び合う姿2
夢中になると知らず知らずに距離が
近くなる

学級の机配置

学習集団としての一体感のある一斉指導隊形

グループの配置も整然と

全体の協同を促すコの字型隊形

子どもだけの対面での話し合いが可能

子ども主体の話し合いを促す円型

机での作業がない場合は距離をもっと詰めて

4）役割を与える

　話し合いでは司会者は重要な役割を果たします。いわばグループのリーダーとしての位置にあります。さてしかし、グループ一つひとつに有能なリーダーが必要なのでしょうか。

　中学校や高校では、有能なリーダーを期待する教師が多いように思います。協同的な学びを実践に移す際に、まずリーダーづくりが必要だという意見もしばしば聞きます。この観点は正しいのでしょうか。

　そのような発想をしている教師が抱くグループリーダー像とはどんなものでしょうか。グループの話し合いを主導し、全員の参加を促し、グループとしての的確な答を提出できる、そういったリーダーでしょうか。なるほど、こういう資質を持った子どもはクラスに2、3人はいることが多いでしょう。しかし、1クラスが36人で、4人グループを9つ作ることになったならば、リーダーの数が足りません。さらに6、7人の追加が必要になります。おそらく、リーダー養成などをしても、形式的な運営はできても、教師が期待するように臨機応変にグループ運営を任せられるリーダーを十分な人数だけ確保することは難しいでしょう。

　教師が求めているリーダーは、皮肉に聞こえるかもしれませんが、教師の意を汲んで、教師の期待通りの活動をしてくれる子どもという意味ではないでしょうか。教師が抱く価値観を認めている子どもでなくてはそのような役は務まりません。学力は一定以上あり、教師と類似の価値判断をする者を期待してはいませんか。リーダーは教師にとって「気の利いた児童生徒」のことかもしれません。

　一方、教師は子どもにどのような指示を出しているかというと、課題の工夫などで触れたような、明確な課題の提示の努力はあまりせず、あいまいな問いを出すことが多くはないでしょうか。あいまいな問いではほとんどの者は動き出すことができませんが、「気の利いた」者は何をすればいいか的確な推測をしてグループを動かします。

　教師の側が子どもに対して、何をすればいいのかを的確に示すならば、実は気の利いた者がいないグループでも、かれらは全員目標に向かって動き出せるのです。そういう場面ならば、ほとんどの者が司会をすることができるはずで

す。リーダーが必要だという認識の裏には，教師の子どもへの甘えがあると言うのは言いすぎでしょうか。「そのくらいのことは言わなくてもわかるだろう」という考えを教師は持つべきではないのです。子どもが動けないのは「そのくらいのこと」を教師が伝えていないことが多いのです。

　リーダー役は，グループの中で持ち回りで務めたらどうでしょう。リーダーシップは，授業の中で身に付けられる大事な同時学習の側面です。グループの座席に番号をつけて，「今日は1番の子が司会をするんだよ」と言えばいいのです。中には司会が苦手な者もいるでしょうが，協同学習では，子どもたちは誰もができるようになることが大事だと思っていますから，不得意な子には他の者からの支援がいきます。

　　司会　　　「・・・・・・」
　　メンバーA　「意見を順に言ってくださいとみんなに言ってごらん」
　　司会　　　「(小声で) 順番に意見を言ってください」
　　メンバーB　「じゃあ私から言っていくよ。私は・・・・(意見を述べる)」
　　メンバーC　「では次は僕。僕は・・・・(意見を述べる)」

　こんなふうに，司会が苦手な者に対して，他の子どもが手助けをしていくようすがしばしば観察されます。この苦手な子どもも次第に声が出るようになり，2学期中ごろには仲間と比べて遜色のない司会ぶりを発揮しはじめるはずです。

> 工夫36：グループリーダーはグループ内持ち回りで受け持たせる。ただ，誰でも司会が可能なように，教師の指示を明確にする。

　司会はグループの中の1つの役割です。グループの中で役割を果たすということは，グループに対する個人の責任を果たすということでもあります。社会的発達の上で重要な学習事項です。また，活動の中に個人の責任を組み込むことは，やりがいを与えることでもあり，学習への意欲づけにつながります。

　せっかくの機会ですから，グループでの取り組みでは，リーダー（司会者）

以外のメンバーにもさまざまな役割を与えてみたらどうでしょうか。教科，教材によって必要な役割は違うと思いますが，一般的に導入可能なものとして思いつくのは次のような役割です。

　　発表係：グループの結論を発表する係
　　連絡係：教材を教師のところまで取りに行ったり，ワークシートを集めて提出したりする係
　　記録係：話し合いの結論を掲示用のボードに書く係
　　時間係：制限時間を見守り，ペース配分を考える係

　また，神戸大学附属住吉中学校（2009）では，ムードメーカーという役割を導入し，非常に役立っていると報告しています。これはいうならば，話し合いの過程での励まし役です。他に役割がないときの付け足しのようにも見える係ですが，実はこれへの希望者が意外に多いのだそうです。話し合いの過程で，仲間のいい発言やいい態度などをすかさず誉める係です。普段，なかなか誉められる機会のない子どもたちが仲間から自分のいいところを見つけてもらうことで，意欲が高まり，互いの信頼関係も増すのです。
　住吉中学校では，教師同士のブレイン・ストーミングで，導入可能なさまざまな役割を考え出しました。さらに，子どもたちにも，どんな活動をするかを告げた上で，その活動に必要な役割を考えさせると，実に的確で有益なアイデアを出すとも報告しています。

> 工夫37：グループメンバー全員に，学習活動に即した役割を割り振る。

5) 話し合いを促す用具の準備

　グループには，グループの意見を発表できるようにまとめるという課題がしばしば出されます。理科の実験結果をグループでまとめるというような課題も出されます。そのようなときに，意見を表現させる舞台として，小黒板の機能を持つホワイトボードがよく使われています。水性ペンを使えば何度も書いた

ホワイトボードと筆記具のセット

り消したりすることのできるものです。

　ボードは，グループでの話し合いの結果を発表する際の掲示物として使うことを前提にグループに配られることが多いようです。そこでは，話し合いの結果を仲間と確認しながら記録係が記入していくというスタイルがよく取られます。その際は，発表に使うのですから，文字の大きさ，レイアウトなどに気を遣うよう，日常的に教師が助言する必要があります。「自分が発表すること」が目的ではなく，「相手に理解させること」が目的であるという，プレゼンテーションの意義を体得させる機会となります。

　グループの考えを伝えるのは，全体討議の折だけではありません。グループ間交流を図って，他のグループを巡り歩く際には，それぞれのグループがホワイトボードの記述を示しながら自分たちの考えを伝えるということも可能です。犬山市立犬山中学校では，こういった交流を実施する場合には，グループごとにボードを載せるイーゼルまで用意したりもしています。

　ホワイトボードは，グループメンバーの思考を集める場にもなります。KJ法のような形のグループ活動を進めようとしたときには，一人ひとりの考えをカードに書き，グループの考えとしてまとめ上げていくときに，このボードが役立ちます。ボードの上で類似の考えをまとめ，意見の構造化を図ることができます。

　なお，このボードは，市販のものでなくてはいけないわけではありません。印刷紙の包み紙などを利用している教師もいます。

> 工夫38：グループの意見を集約する場としてホワイトボード等を用いる。

　子どもたちは，普段の仲間同士の間では意思疎通が十分にできているのですから，彼らのコミュニケーション能力にそれほど疑問を持つ必要はありません。しかし，教師から与えられた枠をふまえて話し合うことには必ずしも慣れていません。

　授業では，あるゴールに向かって話し合うことが要求されます。内容も日常のことがらとは違ったものになります。授業における話し合いは，個々の思考を整理し，正しく伝え合い，教師が期待する目標にきちんと向かうことが要求されます。それは，仲間と共に課題に取り組む取り組み方を同時学習する機会であり，将来にわたっても役立つ力を得る機会です。

　日常の会話ではそういったフォーマルな話し合いをする機会は多くありません。子どもたちに，自分たちで工夫してごらんと言っても，どう工夫していいのか，お手本にするモデルもないことが多いのですから，それは少々乱暴な指示であり，一種の放任です。

　神戸大学附属住吉中学校では，4人グループを基本とした学び合いを進めて

話し合い（話し方・聞き方）のルール (神戸大学附属住吉中学校, 2009)

1 結論をはっきり言う	2 根拠を明らかにして言う	3 協力して話し合う
話し方 ・考えをまとめてから発言する。 ・〜は〜です。 ・〜は〜になる。	話し方 ・〜は〜です。その理由は〜です。 ・理由は3つあります。1は〜，2は〜，3は〜です。	話し方 ・〜に付け加えて〜。 ・〜について。 ・まとめると〜。 ・賛成します。or 反対します。 ・〜さん，どうぞ。 ・そうです，その通りです。
聞き方 ・要点をメモする。 ・自分の考えと比較して聞き取る。	聞き方 ・自分の経験と結び付けて聞く。 ・事実と意見を区別しながら聞く。 ・もう他にないか考えながら聞く。	聞き方 ・話題をはっきりつかむ。 ・相手の意見を尊重しながら，自分の立場を明らかにする。 ・不明な点を聞きただし，確かめる。

おり，司会者は日替わりにしています。そして司会者を中心にした話し合いにルールを定め，それをすべての教室に掲示し，生徒に徹底します。年に1，2回，項目にある「聞き取り方」「メモのとり方」「考えのまとめ方」など，技能の定着を図る機会を実際に設けてもいるのです。

　土岐市立泉中学校では，新しく入学した1年生に，課題解決に向かう話し合いに慣れている3年生の授業を数回参観させ，話し合いのモデルを示し，さらに，1年生の話し合いに3年生が参加して進め方のコーチをするという実践を導入していました。

　小学校ではもっと初歩的な支援が必要かもしれません。教師が集団に与えた課題に応じた話し合いの仕方を教えることで，話し合いは効果的に進められ，話し合いの仕方を子どもが学ぶ機会になります。授業ごとに独自の工夫が求められます。

　たとえば，「グループでできるだけたくさんのアイデアを出そう」という課題ならば，予め個人思考をさせたことをふまえて，司会者に進め方をカードに記したものを渡します。

司会者は次のように発言して話し合いを進めましょう
①まず，一人ひとりが考えたことを報告しましょう。私の右の人から言っていってください。みんながメモを取れるようにゆっくり言って下さい。
②全員の意見が出ました。よく似た意見は1つにしましょう。1つになりそうなのは，どの意見とどの意見ですか。気づいたことを，私の左の人から一人ひとり言っていきましょう。
③いまの意見はどうですか。
　（みんなが賛成したら）ではこの意見は一つにまとめましょう。
　（みんなが賛成しなかったら）ではこの意見は別のものとしましょう。
④たくさん意見が出ました。私たちのグループの意見は「　　　」と「　　　」と「　　　」ということでいいですね。では発表係の人，用意をしておいてください。

工夫39：効果的な話し合いを進めるための手がかりを与える。

6）教師のかかわり方

　グループで課題に取り組ませる場合は，予め時間を区切っておくといいようです。時間係のような役割を指定しておきますと，その子どもがグループの取り組みのペースについて配慮をしていきます。そこでは，子どもたちは制限時間内に仕事をやり遂げることを同時に学びます。

　時間設定は，教師が経験で決めます。時には時間の読み違いもあるでしょうが，その折には延長は止むを得ません。しかし，基本的には設定時間に沿って授業を進めるべきでしょう。

　グループによっては，時間内に結論に至らないところも出るでしょう。それでいいのです。答にたどり着かなくても，そこに至る努力をしっかりしていたならば，他のグループの発表を聞いて，わかりたいという気持ちをしっかり保つことができます。正解を導き出したグループでは，単なる答合わせとして仲間の意見を聞くことで済ませてしまうかもしれませんが，わからなかったグループは，全体の場に，学ぶことのできる機会があるのですから，より積極的に聞こうとする可能性があります。

　また，時間内に話し合いを終えて自分たちの意見を作り上げるということは，グループが，クラス全体に貢献するという，「そのグループの学級全体に対する責任」でもあります。この点も子どもたちに伝えておく必要があります。

　グループとして意見をまとめることのできなかったメンバーたちからは，もう少し話させてくれという要求が出るかもしれません。そのときの子どもたちの話し合い継続への欲求の理由についての見極めが必要です。単に自分たちが発表したいというだけならば，それはある意味「自己志向的」な欲求です。クラスの仲間全体のためを考えたものではありません。もう少し話し合えば必ずクラスの仲間に貢献できるという見通しを持った活動をしているのならば，少々の延長も意義あると思われます。「発表する楽しさ」ではなく，「発表を通して仲間に貢献する楽しさ」が大事なのだという指導が必要です。

> 工夫40：教師は話し合いの時間をきちんと設定し，基本的にはその時間を守る。

グループに，一旦，明確な課題を伝えた後の教師の仕事は何でしょう。

子どもは個人思考やグループでの話し合いに入ってしまうと，ほかのことは耳に入りません。教師の側としては，そういった集中した意欲的な姿をしっかり支援したいものです。それはどんな支援かというと，基本的には何もしないことです。

子どもたちが学び，学び合っている最中に「しっかり話し合っているね」「どのグループもがんばっているよ」などと力づける必要はまったくありません。子どもは学びと学び合い自体が面白いのですから。教師の力付けを何人の子どもが耳に留めているでしょう。それは子どもたちにとってはノイズにしか過ぎません。

話し合っている最中に，全体に向かって指示のし直しをしている教師にも出会います。おそらくほとんどの子どもはそれを聞いていません。仕方なく，個別のグループに指示を伝えはじめます。子どもたちは思考を中断しなくてはいけません。これも大きなノイズです。途中で補足しなくても済むように，子どもたちの取り組み開始前の教師の指示は，必要十分でなくてはいけません。

グループごとに順に教えている教師もいます。研究授業では，自分の授業でもないのに，1つのグループに入り込んで，熱心に教えている教師がいたりもします。そんなケースがあったら，教師が指導しているグループの子どもたちと，教師がいないグループの子どもたちの顔つきを一度見てください。どちらが生き生きとしているでしょう。大きな違いが見られます。

教師は少人数の子どもに教える場合は，自分の話がすぐに伝わって，手ごたえを感じるでしょうが，子どもの立場に立てば，自分たちで考える機会を奪われているのです。子どもとかかわるときには，常に，自分がどんな学力を子どもに付けさせようとしているのかという視点を忘れないようにしなくてはいけません。自主・自律の学びの機会を奪ってはいけないのです。

なお，課題や取り組み方についての教師の指示をたまたま聞いていない子どもがいる場合があります。こういう子どもはしばしば，個別の取り組みやグループでの話し合いの最中に，教師に些細な質問をします。質問によっては丁寧に答えることで，教師との信頼関係を増すきっかけになるでしょうが，先にきちんと聞いていればわかることを質問したような場合は，教師が直接答えるべ

きではないのではないでしょうか。教師の話をはじめにきちんと聞くという態度を育てることになりません。そういう質問があった場合は、「となりの子とか、グループの仲間にまず聞きなさい。それでもわからないときだけ先生に聞きなさい」というように、仲間の支援を先に仰ぐように指導するといいでしょう。

　子どもたちは、それぞれのグループでさまざまな考えを出し合い、さまざまな結論を出していきます。それがホワイトボードなどにまとめられていきます。教師は机間観察（机間指導ではありません）の中で、どのグループがどんな考えを出しているか、どのグループがどんな典型的な間違いを犯しているかなどを観察していきます。そして、机間観察の間に、全体発表以降の授業をどう組み立てていこうか、その組み立ての細部を練ります。

　正解を求める課題で、多くのグループが正解であるならば、全体発表では1つのグループの発表でいいでしょう。発表の数を減らしたことで浮いた時間に発展課題を差し込むことができます。典型的な間違いをしていたグループを見つけたならば、それはタイムリーな教材になります。グループごとの意見の散らばり具合を見て、板書の組み立てを考え直すこともできます。

　個別指導の視点が定着してか、教師の机間行動は「机間指導」といわれることが多いようです。しかし、基本は「机間巡視」または「机間観察」であるべきではないでしょうか。

　ただ、グループでの話し合いで、教師が関わった方がいい場合もあります。それは、子どもたちが話し合いに行き詰まってしまったとき、話し合いが平板に流れてしまいそうになったときの教師の一言です。

　「こういう考えを言う人もいるんだよ」「こちらの資料は見ているかな」「‥‥という条件を1つ忘れているんじゃないか」、などの助言が的確になされると、一気に話し合いが広がったり深まったりする可能性があります。こういうワンポイントの指摘は、それによって新しい方向を見つけた子どもたちにとっての発見として彼らには認識され、教師に示唆をもらったことは彼らの中では薄らいで、自分たちの効力感を高めることにつながっていくと思います。

> 工夫41：子どもたちが一旦話し合いに入ったら，教師の介入は最小限に止める。そこでの教師の仕事は観察を基本とする。

> 工夫42：グループへの助言は，深まりと広がりを促すものに限る。グループ単位で教えない。

7）グループでの効果的な話し合いの技法

　明確にグループ課題を指示しても，子どもたちの話し合いの進め方が合理的でないと，思わぬ時間がかかる場合があります。子どもたちの経験だけに基づいて話し合いを進めさせるのでは，合理的な進め方の発見まで随分時間がかかりそうです。かれらがよりよい進め方を発想できるようになるためには，それなりのモデルが必要です。

　個人思考の後に話し合いに入る場合，多くのグループでは，まず一人ひとりが自分の意見を一通り発表してからそれらを評価し合い，グループのゴールに向かってまとめていきます。しかし，そういう順序を思いつかないグループもあり得ます。

　混乱が予想される場合，または合理的な進め方を学ばせたい場合，教師が予め，手順を示しておいてやればいいのです。そういう経験を重ねることで，子どもたちはより合理的で自分たちに合った進め方を作り出していくことができるようになるでしょう。

　まず，教師の指示が理解できたかどうかとか，授業の途中で，そこまでの内容が理解できたかどうかを，一人ひとりの子どもに確認させようという場合での話し合いの活用の例をあげましょう。

　「ここまでわかりましたか？」という教師の問いかけはあまり意味を持ちませんね。わかったつもりの子どもがおそらくたくさんいるからです。みんな「ハーイ」と元気に答えます。こういう場合には隣同士のペアを使うことが効果的です。ただ，そこで，「隣同士で確認しなさい」という指示も，あいまいさを残しています。こうしたらどうでしょう。「ではここまでの内容を自分のことばで言えますか？　隣同士でペアになって，まず右側の子が左の子に自分の

ことばで説明しなさい。その後左の子が右の子に説明しなさい」。そして話し合いが終わったところで、「では、相手の人の説明がよくわかった人は手を上げなさい」、と聞くのです。

そうすることによって、全員が話し合いに参加し、相手に伝えよう、相手の説明を評価しようという個人の責任を発揮する場になりますし、何より、本当にわかっているかどうかについて、単純に手をあげさせるよりはるかに信頼性高く子どものようすを教師が知ることができるのです。

問題解決でのグループの取り組み方としては、犬山市立楽田小学校（2008）が開発した「リレー学習」も興味深い進め方の工夫です。

教師は教材準備に際して、4人グループ用に4つの下位課題を作ります。たとえば、8 + 5 =　という計算をグループでさせるときに、

①問題をホワイトボードに書く担当
②1の位を計算する担当
③10の位を計算する担当
④計算の仕方を説明する担当

という4つの課題の担当を決め、ホワイトボードをグループ内で順に回して、子どもは自分の担当個所を満たしていくのです。1問ができると、担当を一つずらして2問目に取り組みます。4問に取り組めば、全員が4つの担当をこなすことになります。

この進め方を実際に観察した折のことです。子どもたちは淡々とホワイトボードを回していくかと予想したのですが、実際は、一人ひとりがわかって書いているか、間違っていないか、を全員が一生懸命にチェックし、間違えた子もがいると仲間がすぐに支援をしていくのです。ホワイトボードを囲んで、身を乗り出して問題に取り組みます。この進め方は基本的には、並行的な作業にグループで取り組むことの多い小学校低学年では有効な手法だと言えます。

仲間の作品を相互評価させるという場面も授業には出てきます。国語などの読み取り原稿や社会科の調べ学習の発表原稿や、美術の作品などが対象になります。一つひとつをグループに出し、自由に意見を言い合うという形は、なか

なか全員参加になりにくいものです。そこで，貼ったり剥したりが簡単なポスト・イット® などを使って，個別に仲間の原稿や作品をじっくり評価させ，コメントを書かせ，その後作品を交換して次の評価に取り組ませることで，本人を除く全員に対する評価をさせるという方法にもしばしば出会います。このときに大事なのは，評価の観点を教師がしっかりと示すことです。そのようにして集まった自分へのコメントを，メンバー各自で捉え返し，評価者との間で意見交換をし，真意などを明らかにしながら，自分の原稿や作品の手直しをしていきます。

　こういったグループの取り組み方は，教材と子どもの状況に応じて教師が考え出していくべきものだと言えますが，考え付くためのヒントも必要でしょう。アメリカの協同学習では，グループでの取り組み技法の開発が盛んです。次の本などは翻訳も出ており，非常に多くの技法が具体的に紹介されていますので，ヒントの源泉としてぜひ参考にしてください。

ジェイコブス, G. M. 他　2005　先生のためのアイディアブック　ナカニシヤ出版
バークレー, E. F. 他　2009　協同学習の技法　ナカニシヤ出版

　ここでは，私たちが考え出した技法を2つ紹介しておきましょう（杉江・関田 2005）。

話し合いのための技法の例

名称：理解度対抗戦
内容：グループで問題を準備し，他のグループメンバーと出し合いをして正答数を競う
手順： ①理解すべき資料を個別に読み，大切な内容をテスト問題に作る。 ②グループ内で話し合い，問題を洗練する（ペアでの突き合せを繰り返すなどの手続き）。 ③他のグループメンバーをランダムに選んで相互に自分たちが作った問題を出し合う。 ④正誤を記録し，その都度正解の解説をする。 ⑤解説が理解できれば相互にサインをし，次の相手を探して問題の出し合いをする。 ⑥個人の正解数をグループで合計する。 ⑦理解できたというサインの数もグループ内で合計する。 ⑧理解させたというサインの数もグループ内で合計する ⑨⑥〜⑧の3つの得点についてグループごとに計算し，結果を掲示する。

(3) グループ活用の工夫　131

留意点：
・グループ間競争はあくまでゲームであるということを周知させる。
・問題づくりの基準として，「重要性」「わかりやすさ」「クラスの仲間の学習援助」という点を強調する。
・結果の掲示は1週間程度。
・理解できた数，理解させた数の意義を説明しておく。

実践への適用：
①鑑賞教材などでの読み取り。
②社会科での資料の読み取り。
③漢字の書き取り

名称：意見のリレー

内容：個人の意見に仲間が参考意見を継ぎ足していき，意見をレベルアップする

手順：
①個人の考えを求める課題を出す[*1]。
②個人思考によって各自で意見を作り出す。
③グループの人数分の空欄を縦に連ねたワークシートを配布する（B6程度のサイズ）。
④各自，自分の意見を第一欄に書く。
⑤書いたワークシートを右側のグループメンバーに回す。受け取ったワークシートを読み，自分が思いついた参考意見を2番目の欄に書く。
⑥このローテーションをグループの人数分行う[*2]。
⑦仲間のコメントを生かして個人の意見を修正する。
⑧誰の意見を特に生かしたかについて記録し，仲間の貢献をきちんと確認する。

留意点：
＊1：課題はグループメンバー，学級全体が同じ内容の場合でも可。また，グループメンバー相互で違った内容を分担する形も可。
＊2：時間の関係，または課題の困難度との関係で，常に人数分のローテーションをする必要はない。ただし，本人以外の2人以上の手を経るようにしたい。

実践への適用：
①鑑賞教材などでの読み取り。
②社会科での資料の読み取り。

工夫43：グループでの話し合いを効果的に進めるために，話し合いの内容に応じた効果的な手順を教師が提示する。

(4) 学習集団づくり

　学級に代表される学習集団の中では，子どもたちの自由闊達な学びが保障されなくてはいけません。そして，協同学習では，その学びが子ども同士横につながって，高め合い，発展させていくことを期待しています。

　学級における学習規律の確立ということばを耳にします。この「規律」は，学習集団のメンバーが従うべきルールとして，項目化されていきます。しかし，適切なルールが提示されれば，よい学習集団が形づくられていくのでしょうか。

　適切なルールを作り出すことは大事なことだと思います。ただ，そのルールをどう位置づけ，どう運用していくのかの工夫がなくてはいけません。ルールに従ったか，外れたかという形の運用では，規律は子どもを縛り付けるだけの道具になってしまいます。

　子どもたちが生き生きと活動できるようになるためには，その規律は子どもの日常の行動に定着している必要があります。その意味では，学級の規律は学級の文化として定着することをイメージして組み立てていくべきでしょう。

　理解の進んでいない子どもが仲間の答を自分のノートに写していると，正解の出ている方の子どもが写した子に向かって「やり方はわかっているの？」と問いかけた場面に出会ったことがあります。問いかけられた子は，「そうだったね」といった感じで，仲間に説明を求め，自分で理解しようとする動きを示しました。そこでは，仲間に対して一歩踏み込んだ質問ができています。わかった振りをするのはよくないという，きちんとした学びの基準についての理解が共有されています。こういう行動が普通に見られるようになること，文化として表れることが「規律の定着」なのではないかと思うのです。

　規律を文化と考えたならば，一つひとつの項目を重ねたものをもって規律とするべきではないでしょう。まず，大枠が必要になります。協同学習に拠るならば，「自分と仲間双方の成長への意欲を認め合い，共に育ち共に伸びる」ことをめざす文化が何よりも大事になります。「学び」と「学び合い」双方の大事さをしっかりと子どもたちが理解して，日々の活動を行うようになることです。そのような大枠のもとで，具体的な項目づくりをするという手順をとることに

(4) 学習集団づくり　133

よって，一貫性をもった，子どもたちも納得できる約束事ができるのではないでしょうか。

　協同学習に拠る普段の授業やその他の学習活動では，教師は常に協同原理を一貫させる働きかけをします。一斉指導の折には，個人が意欲的にきちんとそこに参加することが仲間の意欲を同時に高めることであり，また，教師の話だけでは十分理解ができなかった仲間に補足の支援をすることを前提に学ぶことが必要であるなどと，折に触れて子どもに伝えます。個人思考は学び合いのための仕込みとして行うのだということも伝えます。グループでの話し合いでは，メンバー一人ひとりに仲間を高める責任があり，仲間の支援に誠実に応える責任があることを伝えます。全体交流での意見発表は，自分の意見を教師に聞いてもらうためではなく，仲間に自分の考えを伝えて仲間と共に高め合うための情報提供としてするのだということを常に伝えます。

　そういった協同による学習を進めるにあたって，納得のいく合理的なルールであれば，子どもたちはそれに従い，時に応じてより有意義なルールづくりを図ることさえするようになっていくでしょう。

　犬山市立城東中学校で2009年度に試みた「学習規律の確立」では，次のような規律を設定しました。

基盤に置く規律	共に高め合う城中生
下位規律	①多くを得るために 　・話し手の目を見て聞こう 　・目的を持って文章や図を読もう ②正確に伝えるために 　・聞き手の目を見て話そう 　・読み手を意識して書こう ③次に生かすために 　・自分のがんばりを正しく評価しよう 　・仲間のがんばりを正しく評価しよう
学習のルール	①授業のはじめ 　・学習用具を準備しておく 　・チャイムが鳴る前に席に着く ②聞く 　・話は静かに最後まで聞く 　・話している人の方に身体を向けて聞く 　・わからないことは話が終わってから質問する

学習のルール	・教師の指示で作業をやめてから聞く ③話す ・言いたいことがあるときは手を挙げる ・指名されたら，返事して立って話す ・みんなに聞こえる声で最後まで話す ・みんなの方を向いて話す ④書く ・状況に応じて早く書いたり丁寧に書いたりする ⑤その他 ・ワークシートやノートやペンを大切に使う ・机，椅子，着替えた服などの整頓を常に心がける

　城東中学校では，これらの項目をすべての学級に掲示し，教師たちが共通して授業での実現を図りました。文化としての規律づくりには，そういったアプローチが大事です。

　こうした規律やルールは，学校の実態に応じて特徴のあるものになるでしょう。日々の実践の間に見つけた子どもの反応をふまえて，学期ごと，年度ごとによりよい項目設定を図ることも必要になるでしょう。

　尼崎市の西村久美子氏の，6年生の学級会活動を参観した折のことです。2学期の中ごろです。兄弟学級の1年生のクラスと合同で運動会をすることが決まっていたのですが，それをどんな内容にしようか，ということで企画づくりの話し合いがはじまったのです。当初は銘々，自分の立場からの，ある意味勝手な意見が飛び交います。しかししばらくすると，ひとりの子どもが，「いろんな意見が出たけれど，1年生の子はそういうもので楽しいだろうか」と発言したのです。すると，学級全体が議論の趣旨をしっかりと捉え返し，一気に，一緒に行事をする相手のことも十分に配慮した生産的な議論に入っていきました。西村学級の教室の壁を眺めると，4月からの学級会での話し合いの内容がきちんと整理して掲示してありました。それを読むと，一貫して「共に育つ」ことをめざす内容で話し合いが進められてきたことがわかるものでした。彼女の学級では，項目として規律を掲げなくても，普段の行動原理として，子どもたちの間で「共に育つ」ことを前提とした学びが定着していることが十分にうかがえたのです。

(4) 学習集団づくり　135

> 工夫44：学級の規律は，「共に育つ」という基本原理に基づいて項目設定をする。

　さまざまな要因で荒れが目立つようになってしまった学級を立て直すためには，特別なグループワークなどを通して相互理解を深めるところからスタートしなくてはいけない場合があるでしょう。しかし，通常のクラスでは，子どもたちが共に学び合い，活動することを通して学習集団づくりをしていくことがもっとも効果的であるようです。授業などの学習活動では，学習集団の育ちが重要といわれますが，学習集団が効率よく育つためには，授業をはじめとする課題解決場面で，子どもたち全員が成功的な集団活動を経験することが必要です。授業で学習集団づくりをする，特別活動や道徳で学習集団づくりをするということは，協同学習の効果としてあげられる「同時学習」の重要な側面です。

　学習集団は，単なる仲よし集団にとどまることなく，高め合う課題解決集団に育つことが必要です。週単位で，学級会のサイクルに合わせて，共に育ち合う学習集団としての課題を子どもたちの間で見つけ出し，その週の解決目標とし，1週間後にはきちんと振り返りの総括をして，次の目標を立てるという手続きが有効でしょう。

　学級会の進め方は，授業の進め方と同様の工夫が必要です。課題の大枠は教師が投げかけることが多いかもしれません。しかし，自分たちの課題として，具体的にどのような行動ができるようになることが目標かについては，子どもたちの話し合いの中で，彼らが「我が事」として捉えられるような，検討の機会と時間を与えておく必要があります。

　前の週に，自分たちで立てた目標がどれほど達成できたかを個人で振り返り，グループで意見をまとめ，全体で交流する中でクラス全体の評価を下します。それをふまえて，次の週の目標を個人でじっくり考え，グループの中で意見をすり合わせ，グループとしての考えを全体に出して検討します。

　クラスで方針が決まったならば，できればもう一度グループにもどって，グループの中で，メンバーが各自，次週の課題をどう理解したか，そしてその達成に向けてどう行動しようとするかを一人ひとり表明するという手続きが有効

です。自分がしっかり関わった集団の決定に，自分が責任をもつことを仲間に伝えることが，行動を実際に変化させる力になるという集団決定法の研究成果（三隅 1956）の応用です。

> 工夫 45：学級集団づくりのために，授業にとどまらず，特別活動，道徳をはじめとする子どもの学習活動が，明確な目標を持った課題解決行動となるような設定をする。

> 工夫 46：週ごとに，学級づくりにかかわるクラスの目標を子どもたちが設定し，評価し，次の目標を立てるというサイクルを，学級会を軸に回していく。

(5) まとめの工夫

1) 確かな振り返りの機会を設ける

　子どもの，学習に向かう意欲を高める工夫はさまざまになされます。学習活動の基本は学習者の意欲ですから，当然の配慮です。

　一般に重視されるのは導入の工夫です。驚きを与えて「知りたい」という意欲をかき立てる工夫などは，教師一人ひとりがいろいろストックしているはずです。それを交換し合うことで，個々の教師のストックを増やすことができるでしょう。インターネットなどからもそういった工夫を得ることは可能です。

　しかし，導入の工夫によって意欲をかき立てても，授業が終わったときの子どもの感想が「面白かった」だけでは，教師が意図しただけ彼らが変わることができたようには思えません。「楽しい授業」の追求は，時に最終の子どもの変化の追求が甘くなってしまうこともあるという点について注意が必要です。授業はやはり，教師の意図した方向に子どもをどれだけ変えることができるか，言い換えれば確かな学びをしたかどうかでその良し悪しが問われなくてはいけません。

　私は，授業過程の中で子どもを意欲づけるためのもっとも大事な手続きは，

最後の数分に行うべき，その時間全体の学びの振り返りではないかと思います。

　授業がそろそろ終わりかけると，子どもたちが教科書やノートをしまいはじめる授業などは論外です。子どもたちは，そこでは，授業は教師の仕事であって，それに付き合うことが勉強だと思っているように感じます。授業は教師の仕事で，子どもは気が向いたときだけ参加する観客だという図式があるように思えるのです。そういう形で授業を終え，「学びは我が事ではない」ということを毎時間繰り返して同時学習させていたのでは，子どもは育ちません。

　毎時間とは言わないまでも，学習内容の区切りごとに，子どもたちが自分自身の学びの状況をきちんと振り返るという手続き，すなわち自己評価の機会が必要です。それをすることによって，多くの子どもたちは自分の成長を手ごたえとして感じ，学習し，成長したという達成感を持ち，「学びは我が事」と受け止めるようになるはずです。学習が不十分な子どもは，自分が何を学習し直さなくてはいけないかをきちんと知ることができ，自分の学びを方向づけることができます。どちらの場合も，子どもの学びへの意欲づけに貢献する手続きです。本当に学びの重要さを知らせ，学びに意欲づける手続きとしては，導入期より終結期の方が重要ではないかとさえ思います。

　授業は，通常「導入」「展開」「まとめ」の3ステップに分けられます。「まとめ」は自己評価の機会でもあり，次の学びへのつなぎのステップでもあります。このステップがきちんと位置づいていなければ，授業はやりっぱなしということになり，授業は自分が変わるために参加するのだという子どもの態度形成にはまったくつながらないことになります。教師の話で授業を終わるのではなく，自己評価をしっかりと取り入れるための時間をいつもとっておきたいものです。

　犬山市の小・中学校では，単元単位で毎時の学びの振り返りをさせるための「振り返りカード」「あゆみカード」といった名称の，自己評価票を多く活用しています。楽田小学校の「あゆみカード」を紹介しましょう。

　これは，5年生の算数，「面積」の1単元14時間分の毎時の振り返りをするものです。単元第1時にこれを子どもに渡しますから，単元の学習内容を見通すための道具にもなります。各時間の学習内容は教科書の何ページに対応するかも書かれており，教科書と併用して使える形になっています。それは子ども

が自習しようとするときの手がかりとして役立ちます。

「今日のめあて」は子どもにわかるように，教師はできるだけ具体的に書こうとしています。「今日の学習」欄では「理解の度合い」と「学習に向う姿」の2つの目標について自己評定をさせます。後者の目標は，この学校独自で立てているものです。

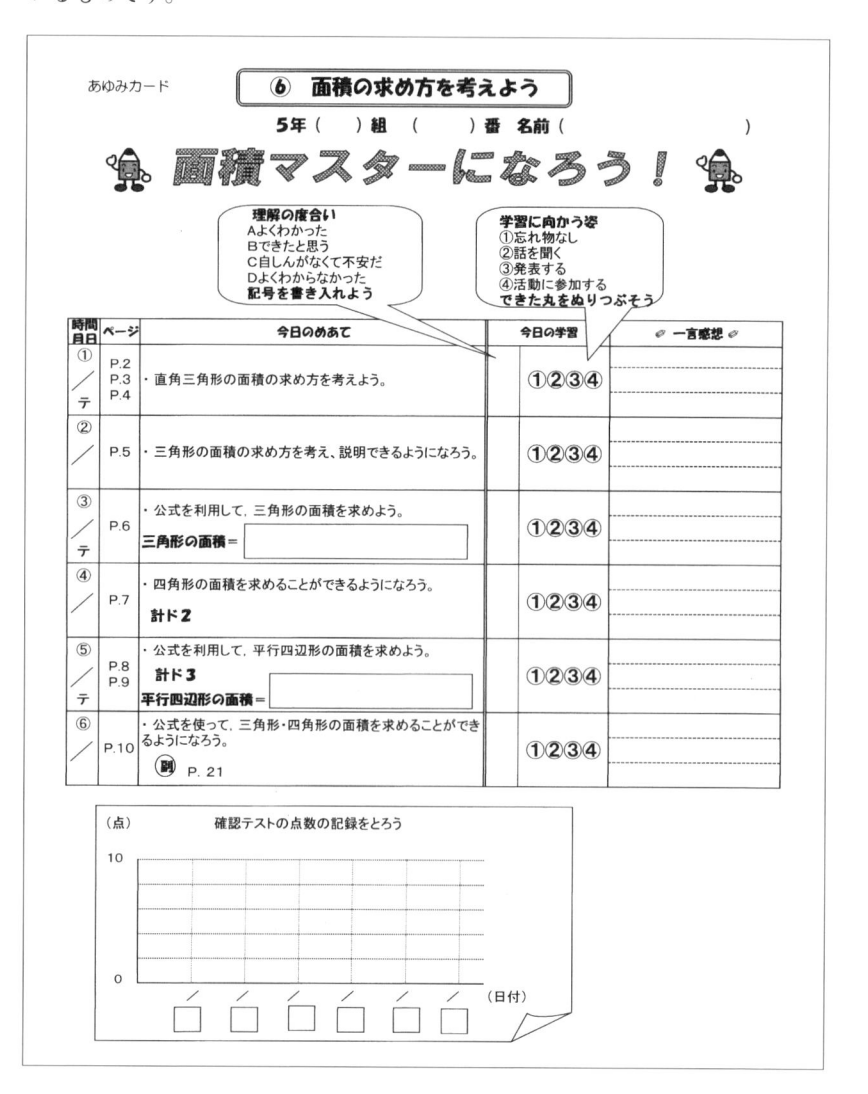

あゆみカード

⑥ 面積の求め方を考えよう

5年（　）組　（　）番　名前（　　　　　）

面積マスターになろう！

理解の度合い
- Aよくわかった
- Bできたと思う
- C自しんがなくて不安だ
- Dよくわからなかった

記号を書き入れよう

学習に向かう姿
① 忘れ物なし
② 話を聞く
③ 発表する
④ 活動に参加する
できた丸をぬりつぶそう

時間目	ページ	今日のめあて	今日の学習	一言感想
①／テ	P.2 P.3 P.4	・直角三角形の面積の求め方を考えよう。	①②③④	
②／	P.5	・三角形の面積の求め方を考え，説明できるようになろう。	①②③④	
③／テ	P.6	・公式を利用して，三角形の面積を求めよう。 三角形の面積＝	①②③④	
④／	P.7	・四角形の面積を求めることができるようになろう。 計ド2	①②③④	
⑤／テ	P.8 P.9	・公式を利用して，平行四辺形の面積を求めよう。 計ド3 平行四辺形の面積＝	①②③④	
⑥／	P.10	・公式を使って，三角形・四角形の面積を求めることができるようになろう。 劇 P.21	①②③④	

（点）　確認テストの点数の記録をとろう

10

0　／　／　／　／　／　／　（日付）

(5) まとめの工夫

　「一言感想」は自由記述です。ただ，折々に教師が的確な指示を加えないと「がんばった」とか「よくわからなかった」というような，浅い振り返りになってしまいます。「今日はどんなことを見つけたかについて書こう」「今日は友だちとの学び合いでどんないいことがあったか書こう」というふうに，振り返りの視点を与えることが効果的です。

			名前（　　　　　　　　　　）
⑦／テ	P.12	・公式を利用して，ひし形の面積を求めよう。 計ド4 ひし形の面積＝	①②③④
⑧／	P.13	◇練　習◇	①②③④
⑨／テ	P.18	・2種類のたこの面積を求められるようになろう。	①②③④
⑩／テ	P.11	・公式を利用して，台形の面積を求めよう。 計ド8 台形の面積＝	①②③④
⑪／	P.14	・三角形の高さと底辺の関係を調べよう。 計ド5	①②③④
⑫／	P.15 P.17	・いろいろな形を作って面積を求めよう。 計ド6　　P.23	①②③④
⑬／	P.16	◇たしかめ道場◇ 計ド7　　P.22	①②③④
⑭／		まとめの テスト	よくできた　できた　もう少し　がんばろう

◆「面積」を勉強して思ったことを書きましょう。

★ 先生から

★ おうちの人から

犬山市は2学期制をとっていますので、通知表で保護者に子どもの学習状況を知らせる機会が2回になり、3学期制の場合に比べて1回減ることになります。それを補う意味で、この「あゆみカード」は、単元終了時に保護者にも見てもらいます。「おうちの人から」の欄への保護者の一言が子どもの励みにもなっているようです。

工夫47：学習内容のひとまとまりごとに、子ども自身が自分の学びをきちんと振り返る機会を設定する。

なお、子ども自身による自己評価は、その基準が個人によって違います。自己評価が的確にできる力は重要な学力です。自己評価の基準が甘ければ独りよがりに陥ります。厳しすぎれば自信喪失になります。授業過程の中で自己評価をきちんと入れ込むことは、同時に自己評価能力を育てる機会にもなるのです。

そこで、折に触れ、それぞれの子どもの自己評価基準を修正し、より信頼性の高いものにする工夫が必要となります。2つの手法が考えられます。

1つは教師の評価とつき合わせる機会を持つことです。子どもの自己評価票を回収し、教師がコメントを赤で入れて返却するなどは有効です。また、理解度について自己評価をし、その後、教師が小テストを用意し、その結果とつき合わせれば、「よくわかった」と自己評価をしながら実は問題が解けなかった子どもは、自分の評価が甘いことを知るでしょう。

もう1つは、仲間との相互評価を活用することです。まとめのステップで、その時間の学習のポイントを隣同士のペアで交互に説明し合い、きちんと理解できているかどうかという基準によるフィードバックを交換するという方法があります。仲間から、教師が予め決めておいた評価項目それぞれについて3段階とか5段階で評価をもらうという方法もしばしば用いられます。高め合うことが文化として定着している学級では、率直な評価情報を交わすことができます。中学生以降の青年期に入ると、互いに遠慮が入って的確な相互評価はできないのではないかという懸念をもつ必要はありません。学年が上がるほど、相互評価の意義もよりよく理解され、相互評価の有効性は増して行きます。このような活動を保証する背景としての課題解決志向集団としての学級づくりは、

こういった場面でも必要なのです。

> 工夫 48：自己評価による振り返りの評価基準を鍛えるために，教師からの評価情報や仲間からの相互評価の情報を活用する。

　振り返りの主要な観点は，当該時の学習内容の習得状況です。教師が明確に示した学習課題の解決に自分がどれほど近づけたか，この 1 時間で自分は何を身につけたかをしっかり振り返らせ，学びの「値打ち」を子ども自身が確認することは，主体的で自律的な学びを身に付けるための大事な機会です。振り返りの項目として欠かすわけにはいきません。

　上で紹介した楽田小学校の「あゆみカード」では「学習に向かう姿」についても振り返らせています。楽田小の教師は，学習技能や学習態度の形成も重要な学力と考えたのです。毎時の授業の中で，教師が意識的に育てようとしている力について，このように具体的に項目で示せば，教師と子どもがその目標を共有化できます。

　このような学力面に加えて，授業での集団活動を振り返らせることも有意義だと考えられます。グループでの学び合いや，学級全体の意見交流で，この時間にどんなことがあったかを振り返らせるのです。ジョンソン兄弟はこれを「集団改善手続き（group processing）」と呼んでいます。

　課題解決志向的な集団は，授業をはじめとする課題解決行動の中で作られていきます。学習集団づくりは，ただ，漫然と話し合いをすれば達成されていくものではありません。集団全体の雰囲気，個々のメンバーの貢献の仕方，仲間との相互作用が何をもたらしてくれたか，など，教師が視点を与え，その意義を確認させる作業を継続していくことによって，課題解決のための集団として成長していきます。集団に問題がある場合には，振り返りを手がかりとして，子どもたちに解決への道を探らせることもできます。

> 工夫 49：振り返りは，学力面にとどまらず，グループや学級といった集団での取り組みの過程についても行う。

これまで紹介した振り返りは，毎時を基本とした学習の小さなまとまりごとについてのものでした。もう少し大きな単位でこれを行う実践も試みられています。

　バズ学習の実践では「復習バズ」と呼ぶ実践が重ねられた時期があります（杉江1999）。これは，日々の「帰りの会」の枠を広げて，そこで子ども主体の1日の振り返りを行うというものです。各教科の学習係がその日の重要な学習内容について確認しておくべき内容を示し，学び合いを通してクラスの全員が定着を図るという進め方が多くなされました。

　姫路市立高丘中学校では復習バズのねらいを3つあげています。

①教科指導を効果的にするための基盤づくりをする。
②家庭と学校と地域の学習をつなぐ。
③バズ学習の技能訓練の場として活用する。

　また，復習バズは，学級内で発生した問題を，徹底して話し合う機会としても使うことができます。土岐市立泉中学校の橋本勇治氏の事例（橋本1997）では，給食時のクラスの行動について，ある女子生徒の提案が生徒会の話し合いを経て全校の申し合わせとなったのですが，肝心の彼女のクラスがそれを守れず，彼女は深刻に悩み，そのことを教師に訴えました。教師は，帰りの会での話し合いによって解決を図りました。教科学習を含め，クラス全体が高まる機会だと子どもたちが認識する学習機会として復習バズがしっかりと位置づくならば，話し合いは確実に課題解決に向かうものとなります。

　振り返りのスパンを長くする工夫も可能です。工夫27で述べた，ワークシートのファイルに単元ごとの振り返りのシートを加えてファイルしていくと，それは情報量豊かな学びのポートフォリオになります。学期末にそれを使った振り返りの機会を設定すれば，一人ひとりの子どもの確実で幅広い目標達成と学級の成長にきわめて有効でしょう。

工夫50：振り返りの内容を広げたり，より大きなスパンでの振り返りを導入する。

2）研究的実践のための振り返り

　日常の教育実践は研究的実践でなくてはならないということは何度か強調してきました。その折には，成果の評価が必要です。成果の評価の手法は多様です。

　まず教師の観察をあげることができます。気づいた事柄をメモしていき，重要な子どもの変化を書きとめていくという方法です。それを重ね，整理することで子どもの変化のようすを記述することができます。有力な資料です。

　ただ，観察の折には，場あたり的にそれを行うのではなく，予め観察の視点を決めておくことが必要です。そうすることで系統立った資料整理が可能です。グループの話し合いの力量の発達具合を問題にしようとするのならば，「司会者の取り回しの水準」「発言者の偏りの有無」「声の大きさ」「うなずきの有無」「メンバーの積極性」「全体的な雰囲気」などの視点を用意し，観察シートにチェックする枠を作っておきます。評定でそれぞれの側面を記録しようとするならば，どういう行動が見られたら「A」にするのか，「B」はどういった水準の行動かといった評価基準を決めておくと，継続的に変化を観察することができます。もちろん，予め決めた観察の側面以外の特徴的な行動を自由記述で補足資料としてとることも有意義です。

　学習指導活動後の子どもの感想なども役立ちます。振り返りカードなどは，毎時回収し，教師が可能な限り赤ペンを入れるということが多いのですが，その過程で，子どもの自己評価のようすを知ることができます。単元終了後，すべての振り返りを記入したカードを一度回収し，それをコピーしておくことも役立ちます。

　また，全員とはいかないでしょうが，学習活動後に子どもに聞き取りをすることも有効です。教師の質問によって，子どもの感想をさらに引き出すことができます。

　客観性を保証できる資料収集の方法としては，質問紙の利用があります。教

師が子どもに聞きたいこと，調べたいことを項目にして聞けばいいのですが，すでに教育心理学者によって作られたものもあります。実践にそのまま役立ちそうなものもたくさんあります。どのような質問紙が作られているかを知っておくと便利です。いくつか例を紹介しておきましょう。

> **工夫51：実践を高めていく研究的実践のための評価の用具を工夫する。**

授業への満足度調査質問紙（杉江，1999）

（3件法で回答を求める）

		質問項目
学習者本人の満足度	課題	あなたは，さきほどやった勉強をもっとやりたいと思いますか。 あなたは，さきほどやった勉強がすきですか。 あなたは，さきほどやった勉強についてもっと調べたく思いますか。
	解決過程	あなたは，さきほどやった勉強では熱心に考えましたか。 あなたは，さきほどやった勉強をしていて楽しかったですか。 あなたは，問題のとき方についてのみんなの話し合いはよくわかりましたか。
	学習仲間	あなたは，いままで一緒のグループだった人たちとならばこの次もうまく勉強していけますか。 あなたは，この次勉強するときも，いままでのグループの人たちと一緒にしたいと思いますか。 あなたは，あなたのグループの人たちと協力し合って勉強するのは楽しかったですか。
学習仲間の満足度	課題	グループの人たちは，さきほどやった勉強がおもしろそうでしたか。 グループの人たちは，さきほどの勉強についてもっといろいろ調べたく思っているようでしたか。
	解決過程	グループの人たちは，さきほどの勉強に熱心に取り組んでいましたか。 グループの人たちは，さきほどの勉強の話し合いが楽しそうでしたか。
	学習仲間	グループの人たちは，おたがいに気軽に話し合いのできる人同士でしたか。 この次も，いまと同じグループを組んでも，みんなでなかよく勉強できるグループになりますか。

学習集団形成度 (高旗, 1999)

(2件法で回答を求める)

競争性	このクラスでは，授業中，勉強のよくできる人だけが活躍していますか。 このクラスには，授業中の発言をひとりじめするような人がいますか。 このクラスには，まちがったり失敗したりすると笑う人がいますか。
課題遂行	このクラスの人は，宿題がなくとも，予習をよくやってきますか。 このクラスの人は，授業中，自分の思っていることをどんどん発表しますか。 このクラスの人は，授業中，他の人の発表をよく聞きますか。 このクラスの人は，まだ理解できていない友達のために，自分のわかったことをどんどん発表しますか。 このクラスでの人は，何か自分の問題をもって授業にのぞんでいますか。 このクラスでは，授業中，自分の思っていることを気楽に発表できますか。
自主協同性	このクラスの人は，授業のベルがなると，自分たちでただちに学習に入りますか。 このクラスでは，発表の機会を，いままであまり発表していない人にゆずるようにしていますか。 このクラスでは，本を読みちがえたり，とちゅうでわからなくなったりしたとき，友だちが助けますか。 このクラスでは，授業を先生にたよらずみんなでやっていますか。

協同作業認識尺度 (長濱・安永・関田・甲原, 2009)

(5件法で回答を求める)

協同効用	グループのために自分ができることをやるのは楽しい。 一人でやるよりも協力した方がよい結果がえられる。 グループの友だちを信じていなければ協力はできない。 みんなでいろいろな意見を出し合うことはためになる。 苦手なことが多い人たちでも協力すればよい結果をえられる。 グループ活動をすると，友だちの意見を聞くことができて自分の知識がふえる。 個性（人）はいろいろな人と交流することでつくられる。 いろいろなことが上手にできる人は，協力することでもっと上手になる。 たくさんの仕事でも，みんなといっしょにやればできる気がする。
個人志向	みんなといっしょに活動すると，自分の思うようにできない。 グループで活動をすると必ずしんけんに取り組まない人がでてくる。 グループの友だちに合わせながら活動するより，一人で活動する方がやりがいがある。 みんなで話し合っていると時間がかかる。 人に言われて活動はしたくない。 失敗した時に全員がおこられるなら，はじめから一人でやる方がいい。
互恵懸念	協力するのは，ひとりでは活動できない人たちのためである。 弱い人はグループになって助け合うが，強い人は助け合う必要はない。 いろいろなことが上手にできる人たちは，わざわざ協力する必要はない。

協同学習参考書および関連情報

和書
1. 犬山市教育委員会編 2005 自ら学ぶ力を育む教育文化の創造 黎明書房
    †犬山市のめざす教育の実現の形としての協同学習の実践紹介。
2. 犬山市立楽田小学校 2008 学び合う子ども・高め合う教師―公教育のあるべき姿を求めて 教育新聞社
    †犬山市で先進的に協同学習を進めた小学校の取り組みの紹介。
3. 杉江修治 1999 バズ学習の研究―協同原理に基づく学習指導の理論と実践 風間書房
    †バズ学習を軸に，日本の協同学習の理論的，実践的側面を包括的にまとめた。
4. 杉江修治 2003 学び合い，高め合う授業の創造 一粒社
    †協同学習の進め方，考え方についての杉江の講演集。
5. 杉江修治（編著）2003 子どもの学びを育てる少人数授業―犬山市の提案 明治図書
    †少人数授業から出発した，地域をあげての協同学習の実践の紹介。
6. 杉江修治 2004 バズ単元見通し学習の理論と実践事例 一粒社
    †春日井市で実践を重ねた「バズ単元見通し学習」の理論と実践。
7. 杉江修治編 2005 犬山の少人数授業―協同原理を生かした実践の事例 一粒社
    †犬山市の教師たちの協同による実践づくりの成果集。
8. 杉江修治・関田一彦・安永悟・三宅なほみ 2004 大学授業を活性化する方法 玉川大学出版部
    †大学における協同学習実践を実践者の拠っている理論と共に解説，紹介。
9. 高旗正人（編著）1999 教育実践の測定研究－授業づくり・学級づくりの評価 東洋館出版社
    †協同学習を中心とした実践の効果を実証的に捉える方法を紹介。
10. 高旗正人 2001 論集「学習する集団」の理論 西日本法規出版
    †協同学習（自主協同学習）に関する多面にわたる論説をまとめたもの。
11. 安永悟 2006 実践・LTD話し合い学習法 ナカニシヤ出版
    †LTD話し合い学習法を日本の実情に合わせて改善し，実践を紹介する。

翻訳書
1. コーン，A.（山本啓・真水康樹訳）1994 競争社会をこえて―ノー・コンテストの時代 法政大学出版局
    †協同学習の有意義性を，実証研究をふまえて明らかにした。
2. シャラン，Y. & シャラン，S.（石田裕久・杉江修治・伊藤篤・伊藤康児訳）2000「協

同」による総合学習の設計－グループ・プロジェクト入門　北大路書房
　　†協同原理を基盤に据えた調べ学習のモデルの提案と，実践紹介。
3. ジョンソン, D. W., ジョンソン, R. T. & ホルベック, E. J.（石田裕久・梅原巳代子訳）2010　学習の輪―学び合いの協同教育入門　二瓶社
　　†アメリカの代表的な協同学習の入門書。日本の実践にもしっかり適合する。
4. ジョンソン, D. W., ジョンソン R. T. & スミス, K. A.（関田一彦監訳）2001　学生参加型の大学授業：協同学習への実践ガイド　玉川大学出版部
　　†大学の授業改善に協同学習をどのように取り入れるか実践をふまえて紹介。
5. ジェイコブス, G. M., パワー, M. A. & イン, L. W.（関田一彦・伏野久美子・木村春美訳）2005　先生のためのアイディアブック　ナカニシヤ出版
　　†協同学習の入門書。グループ活用の技法も多く紹介。
6. レイボー, J. 他（丸野俊一・安永悟訳）1996　討論で学習を深めるには：LTD話し合い学習法　ナカニシヤ出版
　　†LTD話し合い学習法の意義の理解と実践化のための入門書。
7. バークレー, E. F. 他（安永悟監訳）2009　協同学習の技法―大学教育の手引き　ナカニシヤ出版
　　†大学における協同学習の技法を集めている。小・中・高校にも十分適用可能。

協同教育実践資料
　　†各地の協同学習実践校の研究成果をまとめたもの。実践事例が豊富。
1. 米子市日吉津村中学校組合立箕蚊屋中学校　2006　豊かな心と学力を育み，共に支え合い高め合う生徒の育成
2. 小松市立今江小学校　2006　やる気満々，のびのび表現できる城山っ子をめざして―指導と評価の一体化を図る授業実践の工夫
3. 小松市立丸内中学校　2007　確かな学力を育む指導の研究
4. 能美市立根上中学校　2008　読解力を育む指導の研究―学び合える生徒の育成を通して
5. 米子市立加茂中学校　2008　未来につながる確かな学力と豊かな人間性の育成―生徒らが主体的に活動し，思いを語り，受け入れられる集団づくり
6. 犬山市立楽田小学校　2008　学び合う子ども・高め合う教師―算数科「あゆみカード」集
7. 犬山市授業研究会　2008　犬山がめざす学力の追究―犬山市授業研究会2007年度の成果
8. 犬山市立東小学校　2009　自らの食を考え，主体的に学び，実践する子―「食育カリキュラム」の開発を通して
9. 名張市立つつじが丘小学校　2009　仲間と学び合う中で，共に高まる子をめざして―「話す」「読む」「聞く」「書く」活動を通して
10. 犬山市授業研究会　2009　授業を変える研究的実践の文化の中で―犬山市授業研究会

2008 年度の成果
11. 犬山市授業研究会 2010 教師力を高める教師の協同—犬山市授業研究会 2009 年度の成果
12. 小松市立国府中学校 2010 自ら学び，心豊かで，たくましく生きる，実践力のある生徒の育成—学び合い，認め合い，高め合える場づくり・集団づくりを通して
13. 土岐市立泉中学校 2010 学ぶ楽しさを実感できる授業の創造—学んだことを活用する学習活動の工夫を通して—
14. 犬山市授業研究会 2011 すべての子どもの高まりを促す協同の学びの追求—犬山市授業研究会 2010 年度の成果

※「協同教育実践資料」は小部数刊行のため，問い合わせは一粒社へ。その一部は日本協同教育学会 HP よりダウンロード可（一粒社 HP　http://www.1tsubu.com/）。
※全国個を生かす集団を育てる学習研究協議会関係の出版物も数多くあり，そのリストは協議会 HP に掲載あり。

学会・研究会等 HP
○日本協同教育学会 HP　　http://jasce.jp/index.html
○協同学習の世界 HP　　http://www16.ocn.ne.jp/~mrym/
○全国個を生かし集団を育てる学習研究協議会 HP
　http://ww6.enjoy.ne.jp/~juntendo4649/

引用文献

Allen, V. L.(ed.) 1976 *Children as teachers.* Academic Press.
天貝由美子 1995 高校生の自我同一性に及ぼす信頼感の影響 教育心理学研究, **43**(4), 364-371.
Aronson, E., Blaney, N., Stephan, C., Sikes, J. & Snapp, M. 1978 *The jigsaw classroom.* Sage Publicatios.(松山安雄訳 1986 ジグソー学級 原書房)
Barkley, E. F., Cross, K. P. & Major, C. H. 2005 *Collaborative learning techniques.* John Wiley & Sons.(安永悟監訳 2009 協同学習の技法 ナカニシヤ出版)
Bass, B. M. 1962 *The orientation inventry.* Consulting Psychologists Press.
Bloom, B. S., Hastings, J. T. & Madaus, G. F. 1971 *Handbook on formative and summative evaluation of student learning.* McGraw-Hill.
Cronbach, L. J. 1963 *Educational psychology* (2nd ed.) Harcourt, Brace & World.
Deutsch, M. 1949 A theory of cooperation and competition. *Human Relations*, **2**, 129-151.
Findley, W. G. & Bryan, M. M. 1971 *Ability Grouping: 1970. Status, Impact and Alternatives.* Athens. GA: University of Georgia, Center for Educational Improvement.
舟越和吉・杉江修治 1996 学校, 家庭, 地域をむすぶバズ学習：新潟市立曽野木中学校の実践 中京大学教養論叢, **37**(3), 1-43.
Hammond, L. K. & Goldman, M. 1961 Competition and non-competition and its relationship to individual and group productivity. *Sociometry*, **24**, 46-70.
橋本勇治 1997 発展的なバズ学習による多様な学習形態の工夫 有元佐興・加藤孝史・望月和三郎・杉江修治編 学校は変われるか 日本教育綜合研究所 pp. 116-128.
犬山市立楽田小学校 2008 学び合う子ども・高め合う教師—公教育のあるべき姿を求めて 教育新聞社
犬山市授業研究会 2008 犬山がめざす学力の追究—犬山市授業研究会2007年度の成果 日本協同教育学会
犬山市授業研究会 2009 授業を変える研究的実践の文化の中で—犬山市授業研究会2008年度の成果 日本協同教育学会
犬山市授業研究会 2010 教師力を高める教師の協同—犬山市授業研究会2009年度の成果 一粒書房
犬山市授業研究会 2011 すべての子どもの高まりを促す協同の学びの追求—犬山市授業研究会2010年度の成果 一粒書房

Ireson, J. & Hallam, S. 2001 *Ability grouping in education*. Paul Chapman Pub. (杉江修治・石田裕久・関田一彦・安永悟訳 2006 個に応じた学習集団の編成 ナカニシヤ出版)

伊藤三洋・杉江修治 2009 柔道と協同学習 教育新聞社

Jacobs, G. M., Power, M. A. & Inn, L. W. 2002 *The teacher sourcebook for cooperative learning*. Corwin Press. (関田一彦監訳 2005 先生のためのアイディアブック―協同学習の基本原則とテクニック 日本協同教育学会)

Johnson, D. W. & Johnson, R. T. 1975 *Learning together and alone*. Prentice Hall.

Johnson, D. W. & Johnson, R. T. 1989 *Cooperation and competition: Theory and research*. Interction Book.

Johnson, D. W., Johnson, R. T. & Holubec, E. J. 1990 *Circles of learning*. Interaction Co. (杉江修治・石田裕久・伊藤康児・伊藤篤訳 1998 学習の輪―アメリカの協同学習入門 二瓶社)

亀田研・杉江修治 2007 Group Investigation のモデルによるエイズ教育の効果 中京大学教養論叢, **48**(4), 57-78.

春日井市算数サークル研究推進委員会・杉江修治 1989 バズ・単元見通し学習による算数科の指導事例Ⅱ 中京大学教養論叢, **30**(3), 241-289.

片岡徳雄編 1975 集団主義教育の批判 黎明書房

神戸大学附属住吉中学校・神戸大学附属中等教育学校 2009 生徒と創る協同学習 明治図書

神戸新聞 1973 優勝した日新中野球部 (9月7日付)

Kohn, A. 1986 *No contest: The case against competition*. Houghton Mifflin. (山本啓・真水康樹訳 1994 競争社会をこえて：ノー・コンテストの時代 法政大学出版局)

小島幸彦 2003 校長のリーダーシップ 一粒社

小松市立丸内中学校 2007 確かな学力を育む指導の研究 日本協同教育学会

丸山正克 1996 仲間の絆を育てるバズ学習のすすめ みらい

三隅二不二 1956 集団決定に関する実験的研究―中学校のホームルームに於ける生活指導方法の研究 九州大学教育学部紀要, **4**, 17-26.

望月和三郎 2002 心とこころの格闘技―授業の人間関係 一粒社

長濱文与・安永悟・関田一彦・甲原定房 2009 協同作業認識尺度の開発 教育心理学研究, **57**, 24-37.

永井辰夫・杉江修治 1995 非行をのりこえたバズ学習の事例：地域をめざめさせた中学校 中京大学教養論叢, **36**(1), 201-242.

西尾実・岩淵悦太郎・水谷静夫 1979 岩波国語辞典（第三版） 岩波書店

NHK 世論調査所 1982 日本人とアメリカ人 日本放送出版協会

越智昭孝・杉江修治 2001 同和教育とバズ学習―地域の教育課題に応える実践をめざして（協同学習叢書2） 揺籃社

緒方宏明・鈴木康平 1995 教育現場における「信頼」について 日本グループ・ダイナミックス学会第43回大会発表論文集 pp.154-155.

及川平治 1912 分団式動的教育法 弘学館

及川平治 1915 分団式各科動的教育法 弘学館

Phillips, B. N. & D'Amico, C. A. 1956 Effects of cooperation and competition on the cohesiveness of small face-to-face groups. *Journal of Educational Psychology*, **47**(2), 65-70.

Rabow, J., Charness, M. A., Kipperman, J. & Radcliffe-Vasile, S. 1994 *William F. Hill's Learning through discussion.* Sage.（丸野俊一・安永悟共訳 1996 討論で学習を深めるには—LTD話し合い学習法 ナカニシヤ出版）

佐藤学 2004 習熟度別指導の何が問題か 岩波書店

Shapira, A. 1974 Developmental differences in competitive behavior of kibbutz and city children in Israel. *Journal of Social Psychology*, **98**, 19-26.

Shapira, A. & Madsen, M. C. 1969 Cooperative and competitive behavior of kibbutz and urban children in Israel. *Child Development*, **40**, 609-617.

Sharan, Y. & Sharan, S. 1992 *Expanding cooperative learning through group investigation.* Teachers College Press.（石田裕久・杉江修治・伊藤篤・伊藤康児訳 2000「協同」による総合学習の設計—グループ・プロジェクト入門 北大路書房）

Shaw, M. E. & Shaw, L. M. 1962 Some effects of sociometric grouping upon learning in a second grade classroom. *Journal of Social Psychology*, **57**, 453-458.

塩田芳久・阿部隆 1962 バズ学習方式：落伍者をつくらぬ教育 黎明書房

Slavin, R., Sharan, S., Kagan, S., Hertz-Lazarowitz, R., Webb, C., & Schmuck, R. 1985 *Learning to cooperate, cooperaing to learn.* Plenum Press.

須藤文・安永悟 2010 話し合いを意図した予習が道徳授業に及ぼす効果 協同と教育, **6**, 34-43.

末吉悌次編 1959 集団学習の研究 明治図書

杉江修治 1992 教育における選抜・層化の意味—実証的資料による層別指導神話の検討 杉江修治・三上和夫編 誰のための高校 合同出版 4章 pp.124-139.

杉江修治 1996 学級集団の規模, 編成基準と教育効果（広島県高等学校教職員組合教育研究所委嘱研究叢書2）東海地区高校教育研究会

杉江修治 1999 バズ学習の研究 風間書房

杉江修治 1999 学習指導改善の教育心理学 一粒書房

杉江修治 2003 子どもの学びを育てる少人数授業—犬山市の提案 明治図書

杉江修治・神谷琢馬・佐藤正勝・伊藤三洋 1986 高等学校スキー研修の指導事例：計画・実施・教育効果 中京大学教養論叢, **26**(4), 115-169.

杉江修治・梶田正巳 1989 子どもの教授活動の効果 教育心理学研究, **37**(4), 381-385.

杉江修治・関田一彦 2005 ケーガン・ストラクチャーと日本の協同学習実践—実践者

との協同による検討の過程と成果 教育心理学研究資料（中京大学 杉江修治研究室），**14**.
杉江修治・宇田光 1989 能力を基準とした集団編制が教科学習に及ぼす効果—Yehezkel Dar と Nura Resh のレビューに基づく検討 中京大学教養論叢, **29**(4), 113-160.
高旗正人 1981 自主協同の学習理論（講座 自主協同学習 1）明治図書
高旗正人 1999 教育実践の測定研究 東洋館出版社
山岸俊男 1998 信頼の構造 東京大学出版会
山本美一 2008 校長学—教師の育ちを促す学校経営 一粒社
安永悟 2006 実践・LTD 話し合い学習法 ナカニシヤ出版

あとがき

　教育は，「指導者の論理」ではなく，「学習者の心理」をふまえて進められなくてはいけません。学校教育の長い歴史の過程で，その基本が守られてきたかというと，必ずしもそうではありませんでした。「指導者の論理」についていけるかどうか，子どもが試される場が学校になっていた嫌いがないわけではありません。

　教室で，校内で，いつも子どもたちと接している教師たちは，そのような傾向に疑問を感じ，子どもたちのよりよい成長をめざして努力をしてきています。しかし，これまでに形づくられてきた文化の枠を崩すことは容易ではありません。「協同学習」は，そのための有力な手がかりとして，近年大きな関心を呼ぶようになりました。

　私は，バズ学習という，日本で開発された優れた学習指導理論と実践への参加を出発点として，40年にわたり，協同的な学びの世界をフィールドとした実践研究に携わってきました。実践者の先生方の授業を参観し，協議を重ね，一緒に数多くの指導案を作り，仮説検証型の実践授業を実施し，ワークショップを通して相互理解を図り，実践と深く結びつく研究機会を重ねてきました。

　訪問した実践現場は数え上げると1,200を超えるまでになりました。おそらく，それに倍する数の授業を拝見してきたと思います。多くの力のある先生方と出会い，子どもたちにとって素晴しい学習機会を提供している場にしばしば臨むことができました。その経験は，子どもの成長意欲への確信，集団が個に及ぼす積極的な機能の理解，教師の意欲と力量に対する信頼感といった，教育実践理解の基盤を私に与えてくれたと感じます。

　本書の内容は，研究者としての成果をベースに置きながらも，実際には実践の場で私が学んだことがらが何と言っても大きな資源となっています。知り合い，係わり合い，たくさん学ばせていただいた実践者の方々の名前を挙げることは不可能ですが，その方々と共に，自分が成長できる経験を持てたことは本当に幸せなことだと感じています。また，本書の出版に際しては，ナカニシヤ

出版の編集担当，宍倉由高氏，山本あかね氏にたいへんお世話になりました。出会うことのできた数知れない方々に深く感謝いたします。

　協同学習は21世紀に入り，関心はますます高まってきています。2004年には，日本協同教育学会が設立され，協同を基本原理に据えた研究と実践の交流の場ができました。それはまた，同じ研究や実践に携わる者を力づける機会となっています。協同学習の研究と実践はさらに豊かな成果をあげる条件が整ってきています。

　子どもの豊かな育ちを願うならば，大人は，本当にそれに向かう，ごまかしのない働きかけをしたいものだと思います。本書はそのことを追求するための手がかりになり得ると考えています。

　　　　　　　　　　　　　　　　　　　　　　　　　　　　杉江修治

人名索引

A
阿部　隆　30
Allen, V. L.　71
天貝由美子　63
Aronson, E.　34

B
Barkley, E. F.　130
Bass, B. M.　10
Bloom, S.　29, 40, 85, 86
Bruner, J. S.　9, 18
Bryan, M. M.　40

C
Cronbach, L. J.　1

D
D'Amico, C. A.　30
Deutsch, M.　17-20
Dewey, J.　17

F
Findley, W. G.　40
舟越和吉　62

G
Goldman, M.　27

H
Hallam, S.　41
Hammond, L. K.　27
橋本勇治　142
Hill, W. F.　37
Holubec, E. J.　57

I
池田　洋　29
Ireson, J.　41
石田裕久　51
伊藤　篤　51
伊藤康児　51
伊藤三洋　19, 56
岩田和敬　48

J
Jacobs, G. M.　130
Johnson, D. W.　28, 36, 37, 57, 141
Johnson, R. T.　28, 36, 37, 57, 141

K
梶田正巳　71
亀田　研　50
神谷琢馬　56
嘉納治五郎　19
片岡徳雄　27
河合隼雄　65
甲原定房　145
Kohn, A.　26
小島幸彦　58

L
Lewin, K.　17

M
Madsen, M. C.　26
前田親利　98
Makarenko, A. S.　33
丸山正克　59

三隅二不二　136
望月和三郎　59

N
長濱文与　145
永井辰夫　61
西村久美子　134

O
越智昭孝　46, 58
緒方宏明　63
及川平治　29

P
Phillips, B. N.　30
Piaget, J.　1, 18

R
Rabow, J.　37

S
佐藤　学　42
佐藤正勝　56
関田一彦　130, 145
Shapira, A.　26
Sharan, S.　35, 49-51
Sharan, Y.　35, 49-51
Shaw, L. M.　111
Shaw, M. E.　111
塩田芳久　30, 32
Slavin, R.　33, 34, 36, 37
Spencer, H.　20
須藤　文　37, 46
末方鐵郎　29
末吉悌次　32

杉江修治　19, 30, 40, 42, 43, 46, 50, 51, 56, 58, 61, 62, 71, 130, 142, 144
鈴木康平　63

T
高旗正人　32, 145
谷川俊太郎　65

U
内田　樹　17

宇田　光　40

Y
山岸俊男　64
山本美一　58
安永　悟　37-39, 46145

事項索引

あ
LTD　37

か
学習
　──規律　132
　──集団形成度　145
　──集団づくり　132
　──の見通し　77
　完全習得──　40
　調べ──　48
　生徒チーム──　34
　同時──　25
課題
　──解決志向集団　10
　──の困難度　84
　──のサイズ　84
　──の値打ち　72
　──の明確化　66
学級の荒れ　113
学校行事　56
学校の荒れ　58, 61
聞く態度　90, 97
キャリア教育　55
教育観　2
教科のポートフォリオ　103
教師期待効果　7, 42, 86
教師の協同　57
協働学習　18
協同学習　17, 20, 23
　一斉の──　20
　──の効果　23
　──と競争の効果　28
　──と競争の定義　18
　個別の──　22
　自主──　32
協同作業認識尺度　145
協力学習法　36
グループ
　──・ダイナミックス　17
　──学習　17, 20
　──課題　105
　──研究法　35, 49
　──サイズ　112
　──編成　107
研究的実践　15, 143
構成的エンカウンターグループ　9
校内研修会　59
国際協同教育学会　33

個人思考　94
個人の責任　25, 37
個性　8
子ども観　6

さ
座席配置　112
ジグソー法　34, 99
自己肯定感　15
自己効力感　15
自尊感情　15
自他共栄　19
指導観　5
習熟度別指導　40
集団
　──改善手続き　37, 141
　──学習　32
　──観　9
　──間競争　27
　──決定法　136
　──主義教育　33
授業
　──時計　73
　──への満足度調査　144

索　引

　　少人数——　43
人権教育　45
信頼　63
スクランブル　100
全体交流　94
総合的な学習の時間　48

た
地域と学校の協同　61
中1ギャップ　14
ティームティーチング　44
道徳　45
導入の工夫　65
特別活動　55

な
日本協同教育学会　32
人間関係志向集団　10
人間関係トレーニング　9
認知心理学　18

は
バズ
　お出かけ——　99
　地域——　61
　——・セッション　30
　——学習　30
　復習——　142
話し合いの技法　128
話す態度　97
PISA　2, 89

部活動　11, 56
振り返り　136
　——カード　137
プレゼンテーション　53
分団学習　29
分団式動的教育法　29
編成替え　109
ポートフォリオ評価　102
ホワイトボード　121

ま・や・ら・わ
学びのスケジュール　72
役割　119
リーダー　119
ワークシート　5, 102

【著者紹介】
杉江修治（すぎえしゅうじ）
1948 年生
中京大学名誉教授
博士（教育心理学）
日本協同教育学会名誉会員

『個に応じた学習集団の編成』（共訳）ナカニシヤ出版 2006
『教育心理学』学文社 2007
『柔道と協同学習』（共著）教育新聞社 2009
『協同学習がつくるアクティブ・ラーニング』明治図書出版 2016
『教師の協同を創る校内研修―チーム学校の核づくり』（共著）ナカニシヤ出版 2017
『教師の協同を創るスクールリーダーシップ』（共編）ナカニシヤ出版 2018
『協同学習を深める―主体的，協同的で生き方につながる学びの実現』ナカニシヤ出版 2022　他。

協同学習入門
基本の理解と 51 の工夫

2011 年 10 月 1 日　初版第 1 刷発行
2023 年 6 月 30 日　初版第 9 刷発行

（定価はカヴァーに表示してあります）

　　　　著　者　杉江修治
　　　　発行者　中西　良
　　　　発行所　株式会社ナカニシヤ出版
　〒606-8161　京都市左京区一乗寺木ノ本町 15 番地
　　　　　　　　　Telephone　075-723-0111
　　　　　　　　　Facsimile　075-723-0095
　　　　　　Website　http://www.nakanishiya.co.jp/
　　　　　　E-mail　iihon-ippai@nakanishiya.co.jp
　　　　　　　　　郵便振替　01030-0-13128

装幀＝白沢　正／印刷・製本＝ファインワークス
Printed in Japan.
Copyright © 2011 by S. Sugie
ISBN978-4-7795-0573-7

本書のコピー，スキャン，デジタル化等の無断複製は著作権法上での例外を除き禁じられています。
本書を代行業者等の第三者に依頼してスキャンやデジタル化することはたとえ個人や家庭内の利用であっても著作権法上認められておりません。